국어가 잡히는 초등 어휘 ❺

날마다 관용어

최승한 글 | 뜬금 그림

머핀북

작가의 말

　관용어의 사전적 의미는 '두 개 이상의 단어로 이루어져 있으면서 그 단어들의 의미만으로는 전체의 의미를 알 수 없는, 특수한 의미를 나타내는 어구(語句)'입니다. 여러 가지 관용어를 안다면 글을 읽을 때 의미를 쉽게 파악할 수 있으며, 일상생활 속에서 풍부한 표현력을 자랑할 수 있습니다.

　《날마다 관용어》는 이러한 관용어를 아이들이 쉽게 익힐 수 있도록 기획된 책입니다. 먼저 뜬금 선생님의 유쾌한 만화로 관용어에 대한 호기심과 흥미를 갖게 합니다. 그러고 나서 제시한 관용어의 뜻을 쉽게 풀이하고, 그와 관련된 재미있는 글을 읽으며 관용어의 의미를 다시 한번 되새깁니다. 마지막으로 지금까지 배운 관용어와 비슷하거나 반대의 뜻을 가진 말을 알아봄으로써 관용어의 의미를 온전히 자기 것으로 만들 수 있는 과정을 거칩니다. 다양한 어휘를 만화와 재미있는 이야기를 통해 매일 하나씩, 부담 없이 읽고 마음에 새길 수 있다는 점이 이 책의 가장 큰 장점입니다.

　특히 관용어와 관련된 이야기는 생활 속 에피소드, 그리스·로마 신화, 세계와 한국의 역사, 영화, 《탈무드》, 《이솝 우화》에서 즐겁게 읽고 도움이 될 만한 내용을 선정하거나 창작하였습니다. 하나하나의 글 모두 정성을 다해 다듬은 만큼 작가의 손길이 가득 담겨 있습니다. 읽다 보면 재미와 감동을 느낄 만한 내용을 아이들이 분명히 만날 수 있을 거라고 생각합니다.

　그리고 《날마다 관용어》를 통해 독자들이 관용어가 가진 말의 재미를 느낄 수 있으면 좋겠습니다. 가볍게 읽어도 좋고, 관용어의 의미를 되새기며

반복해서 읽는다면 좀 더 도움이 될 것입니다. 또한 각각의 이야기에는 다양한 교훈도 담겨 있으므로 아이들이 이야기를 골고루 즐기며 마음 공부도 할 수 있는 책이 되기를 바랍니다.

끝으로 언어 능력은 무슨 책이든 다양하게 읽고, 자신의 경험과 연관 지어 생각하는 습관을 가진다면 얻을 수 있습니다. 《날마다 관용어》가 아이들 손 안에 놓여서 언어 능력의 성장에 조금이라도 도움이 된다면 그만한 기쁨은 어디에도 없을 것입니다. 이 책이 누군가에게는 소중한 책이 됐으면 하는 바람입니다.

2025년 6월
최승한

차례

1장 마음과 기분을 표현하는 말 6

간이 콩알만 해지다 | 눈이 돌아가다 | 배꼽이 빠지다 | 속이 시원하다
어깨가 무겁다 | 억장이 무너지다 | 입이 귀밑까지 찢어지다 | 쥐구멍을 찾다
콧등이 시큰하다 | 피가 마르다
숨은 관용어 찾기 ① 공룡 테마파크

2장 다양한 행동을 보여 주는 말 30

귀를 기울이다 | 눈 딱 감다 | 등을 떠밀다 | 말꼬리를 잡다 | 목에 힘을 주다
무릎을 치다 | 물 쓰듯 | 변덕이 죽 끓듯 하다 | 시치미를 떼다 | 찬물을 끼얹다
숨은 관용어 찾기 ② 학교 교실

3장 생각과 마음가짐이 담긴 말 54

가슴에 새기다 | 가슴을 펴다 | 눈에 불을 켜다 | 머리를 쥐어짜다
발 벗고 나서다 | 밤낮을 가리지 않다 | 뿌리 뽑다 | 손꼽아 기다리다
이를 악물다 | 코웃음을 치다
숨은 관용어 찾기 ③ 국립 공원

4장 서로의 관계가 드러나는 말 78

가려운 곳을 긁어 주다 | 간이라도 빼어 줄 듯 | 꼬리를 내리다
꽁무니를 따라다니다 | 눈에 넣어도 아프지 않다 | 떡 주무르듯 하다
물로 보다 | 죽이 맞다 | 코가 꿰이다 | 한솥밥을 먹다
숨은 관용어 찾기 ④ 카페

5장 상황과 상태를 보여 주는 말 102

깨가 쏟아지다 | 머리털이 곤두서다 | 발 디딜 틈이 없다 | 발이 묶이다
달밤에 체조하다 | 불똥이 튀다 | 숲을 이루다 | 죽을 쑤다 | 파김치가 되다
하늘이 노래지다
숨은 관용어 찾기 ⑤ 귀신의 집

6장 성격과 능력을 표현한 말 126

간이 크다 | 귀가 밝다 | 눈이 높다 | 돗자리를 깔다 | 물불을 가리지 않다
발이 넓다 | 손이 맵다 | 얼굴이 두껍다 | 입이 무겁다 | 잔뼈가 굵다
숨은 관용어 찾기 ⑥ 도시공원

함께 알아 두면 좋은 초등 필수 관용어 150

숨은 관용어 찾기 정답 154

마음과 기분을
표현하는 말

간이 콩알만 해지다

이런 뜻이에요

몹시 불안하고 겁이 나서 기를 펴지 못한다는 뜻이에요. 우리 몸 안의 간이 작은 콩알 크기로 쪼그라들기라도 한 것처럼 매우 두려운 마음을 표현한 것이죠. 비슷한 관용어로 '간이 떨리다', '파랗게 질리다'가 있어요.

함께 읽어요

세이렌 신화

그리스 신화에 나오는 세이렌은 노랫소리로 뱃사람들을 유혹하는 바다 괴물이에요. 세이렌은 노래로 선원을 홀려 스스로 바다에 뛰어들게 만들거나 배를 암초에 부딪히게 해서 바닷속으로 침몰시켰지요. 그래서 뱃사람들은 바다로 나갈 때마다 세이렌을 만날까 봐 두려워했어요.

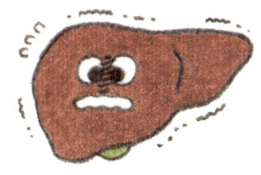

그건 트로이 전쟁을 승리로 이끈 영웅 오디세우스도 마찬가지였어요. 오디세우스는 전쟁을 끝내고 고국으로 돌아갈 때 세이렌이 머무는 바다를 지나야 했는데, 세이렌의 유혹에 넘어갈까 봐 몹시 두려웠죠. **간이 콩알만 해진** 오디세우스는 마녀 키르케의 조언대로 선원들의 귀를 밀랍으로 막았어요. 그런데 오디세우스는 세이렌의 노래가 얼마나 아름다운지 궁금했어요. 그래서 자신은 귀를 막는 대신 몸을 돛대에 단단히 묶었지요. 덕분에 몸을 움직일 수 없었던 오디세우스는 세이렌의 유혹을 이겨 내고 무사히 바다를 건넜어요.

비슷한 고사성어

면무인색 (面: 낯 면, 無: 없을 무, 人: 사람 인, 色: 빛 색)

얼굴에 사람의 빛이 없다는 뜻이에요. 몹시 무서워서 얼굴에 핏기 하나 없이 창백하게 질린 상태를 말해요.

눈이 돌아가다

이런 뜻이에요

너무 놀라거나 분해서 제대로 판단하지 못한다는 의미예요. 화가 나서 자제력을 잃고 펄펄 뛰는 사람에게 이런 표현을 많이 쓰지요. 그런데 이 말은 관심을 가지고 주의를 기울인다는 뜻도 있어요. "귀여운 강아지만 보면 나도 모르게 눈이 돌아가."처럼 쓸 수 있지요.

함께 읽어요

2002년 6월, 한국과 스페인이 한일 월드컵 8강전에서 맞붙자 전 세계 축구 팬들의 눈이 쏠렸어요. 히딩크 감독이 이끄는 한국 축구팀이 우승 후보인 이탈리아를 꺾고 올라왔기 때문에 사람들은 흥분을 감추지 못했지요. 국민들은 한국 축구팀을 응원하기 위해 붉은색 옷을 입고 거리로 쏟아져 나왔어요. 열광적인 환호와 응원이 계속 이어졌지요. 태극 전사들은 실력이 한 수 위인 스페인에 맞서 죽을힘을 다해 뛰었어요. 스페인 선수들은 한국과의 경기가 예상보다 어렵게 흘러가자 **눈이 돌아갔지요**.

승부차기 끝에 한국이 스페인을 꺾고 기적 같은 승리를 거두자, 온 나라가 거대한 함성으로 뒤덮였어요. 응원을 하던 사람들은 너무 기쁜 나머지 생전 처음 본 사람들과도 스스럼없이 껴안으며 기쁨을 나누었답니다.

비슷한 관용어

거품을 물다

몹시 성이 나거나 흥분한 상태로 말하는 것을 뜻해요. 이때 입에서 나오는 거품 같은 침을 '게거품'이라고 하지요.

배꼽이 빠지다

배꼽이 배에서 빠질 리 없겠지요? 즉, 배꼽이 빠질 정도로 배를 흔들면서 크게 웃는다는 말이에요. 비슷한 관용어로 '배꼽을 잡다'가 있어요.

성현이의 꿈은 개그맨이에요. 성현이는 쉬는 시간마다 학급 장기자랑 때 보여 줄 성대모사와 몸 개그를 연습했어요. 친구들은 그런 성현이를 보며 즐거워했고, 성현이는 신이 나서 더 열심히 연습했지요.

드디어 학급 장기자랑 시간이 되자, 성현이는 그동안 갈고닦은 실력을 아이들에게 자신 있게 보여 주었어요. 하지만 매일같이 성현이의 개그를 봐 왔던 친구들은 너무 익숙해서 웃음이 나지 않았어요. 썰렁해진 분위기에 성현이와 친구들 모두가 당황했지요. 그때 지현이가 성현이를 가리키며 **배꼽이 빠질** 정도로 웃었어요. 정말 웃겨서가 아니라 그간 성현이가 보여 준 노력에 대한 응원이었지요. 그러자 지현이의 마음을 알아차린 아이들이 하나둘 배꼽을 잡고 웃기 시작했어요. 반 아이들은 웃음 바이러스에 전염된 것처럼 그 뒤로도 한참을 웃었답니다.

포복절도 (抱: 안을 포, 腹: 배 복, 絶: 끊을 절, 倒: 넘어질 도)
배를 안고 넘어질 정도로 자지러지게 웃는 행동을 뜻해요. 도저히 웃음을 참을 수 없을 정도로 매우 즐거울 때 이 말을 쓴답니다.

속이 시원하다

걱정이 사라지거나 간절히 바라던 일이 이루어졌을 때 어떤 기분이 드나요? 이 감정을 표현하는 알맞은 말이 바로 '속이 시원하다'예요. 나쁜 일이 없어져 후련하거나 좋은 일이 생겨 기분이 상쾌한 것을 나타내요.

1910년 대한제국은 일본 제국에게 강제로 국권을 뺏겼어요. 일제는 대한제국을 손에 넣자 한국인들을 가혹하게 대했지요. 쌀을 마구 걷어 자기 나라로 가져가는 바람에 한국인들은 굶주리기 일쑤였어요. 그리고 전쟁을 위해 철도를 건설한다고 사람들을 강제로 끌고 가 철도 공사 노동도 시켰지요.
일제의 무자비한 탄압에 신음하던 사람들은 1919년 3월 1일에 들불처럼 일어났어요. 민족 대표 33인이 독립 선언서를 만들어 낭독했고, 동시에 전국 각지에서 수많은 사람들이 '대한 독립 만세'를 외치면서 3·1 운동을 시작했어요. 사람들의 **속을 시원하게** 뚫어 준 3·1 운동은 그 뒤로도 수개월 동안 계속되었어요. 비록 당시에 독립을 이루지 못했지만 3·1 운동은 독립에 대한 열망을 전 세계에 널리 알렸지요. 또한 대한민국 임시 정부가 세워지는 계기를 만들었답니다.

앓던 이 빠진 것 같다
마음을 누르던 걱정거리가 사라져서 가슴이 후련해진 것을 비유적으로 표현한 말이에요.

어깨가 무겁다

 **이런 뜻이에요**

중요한 역할을 맡거나 책임을 져야 할 때를 떠올려 보세요. 마치 어깨에 커다란 짐을 진 것처럼 무겁게 느껴지지요. 이 말은 어떤 일이나 책임 때문에 마음에 부담이 크다는 뜻이랍니다. '어깨를 짓누르다'도 비슷한 표현이에요.

 **함께 읽어요**

660년, 신라는 백제를 무너뜨리기 위해 당나라 연합군과 함께 백제의 수도 부여로 쳐들어갔어요. 김유신 장군이 이끄는 신라는 5만 명의 군사를, 당나라는 13만 대군을 거느리고 백제를 죄어들어 갔지요. 하지만 백제의 계백 장군에게는 군사가 5천여 명밖에 없었어요. 계백은 신라를 결코 이길 수 없을 거란 생각에 **어깨가 무거웠지요.** 하지만 나라를 위해 죽을 각오로 끝까지 싸우리라 마음을 다지며 군사들의 사기를 북돋웠어요.

계백 장군의 이러한 기개 덕분에 백제는 황산벌 전투에서 신라를 네 번이나 이겼어요. 쉽게 승리할 줄 알았던 신라는 사기가 떨어지자 화랑들을 싸움터에 내보냈어요. 그런데 어린 화랑이었던 관창이 계백의 손에 죽자 신라군은 분노로 타올랐지요. 계백 장군은 필사적으로 싸웠지만 결국 신라에게 패하고 말았어요. 찬란한 문화를 꽃피웠던 백제는 그렇게 역사의 뒤안길로 사라졌답니다.

 **반대 관용어**

발걸음이 가볍다

부담에서 벗어나 마음이 홀가분하고 기분이 좋은 것을 말해요.

억장이 무너지다

응급실

엄마가 얼마나 놀랐는지 알아?
억장이 무너지는 줄 알았어.
앞으로는 정말 조심하겠다고 약속해.

엄마, 걱정 끼쳐서 죄송해요.
항상 조심할게요!

이런 뜻이에요

억장은 '억장지성(億丈之城)'의 줄임말이에요. '장(丈)'은 길이의 단위로 3미터 정도 돼요. 즉, '억장'은 높이가 억 장이나 되는 성을 말하지요. 따라서 '억장이 무너진다'는 무척 높은 성이 무너지는 것처럼 몹시 가슴이 아프고 괴롭다는 뜻이에요.

함께 읽어요

맹강녀 전설

진시황은 만리장성을 쌓기 위해 수많은 백성들을 강제로 동원했어요. 그중에는 맹강녀의 남편도 있었지요. 혼인한 지 사흘 만에 남편과 헤어진 맹강녀는 매일을 눈물로 보냈어요. 그러던 어느 날, 남편이 꿈에 나오자 맹강녀는 남편의 겨울옷을 지어 만리장성 공사장을 찾아갔어요. 애처롭게 남편을 찾는 맹강녀에게 한 영감이 다가와 남편은 사고로 죽었으며, 시신은 만리장성 성벽 밑에 묻었다는 말을 전했지요. 맹강녀는 **억장이 무너졌어요.** 가슴이 찢어지는 고통을 느끼며 구슬프게 울었어요. 그러자 성벽이 무너지면서 그 안에 묻혀 있던 남편의 시신이 맹강녀 앞으로 굴러떨어졌지요. 맹강녀는 슬픔을 이기지 못하고 남편의 시신을 안은 채 바닷속으로 몸을 던졌다고 해요.

비슷한 고사성어

단장 (斷: 끊을 단, 腸: 창자 장)

어미 원숭이가 자신의 새끼를 태우고 떠난 배를 쉼 없이 따라오며 끽끽 울었어요. 그제야 사람들이 배를 세우고 새끼를 내주었는데, 어미 원숭이는 새끼를 안자마자 죽고 말았지요. 새끼를 잃은 슬픔에 배 속의 창자가 모두 끊어진 거예요. '단장'은 '창자가 끊어질 정도로 몹시 슬프다'는 뜻이에요.

07

입이 귀밑까지 찢어지다

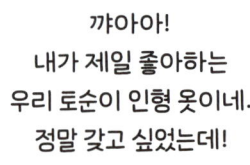

기쁘거나 즐거워서 입이 크게 벌어지는 것을 말해요. 비슷한 관용어로 '입이 째지다', '입이 귀에 걸리다', '입이 가로 터지다' 등이 있어요.

온달 설화

고구려 평원왕은 어린 평강공주가 울 때마다 농담으로 이렇게 말했어요.
"자꾸 그렇게 울면 나중에 바보 온달에게 시집보내겠다."
그런데 평강공주는 결혼할 나이가 되자 진짜로 바보 온달과 결혼하겠다고 고집을 부렸어요. 당황한 평원왕은 농담이었다고 했지만, 평강공주는 "왕께서 거짓말을 하신다면 누가 왕명을 따르오리까."라며 고집을 꺾지 않았어요. 화가 난 평원왕은 평강공주를 궁에서 내쫓았어요. 그러자 평강공주는 그길로 곧장 가난하지만 성실한 온달을 찾아가 진짜로 혼인을 해요. 그리고 남편에게 학문과 무예를 가르쳐 훌륭한 장군이 되도록 도왔지요.

몇 년 뒤, 온달은 훌륭한 무사가 되어 고구려를 쳐들어온 중국 무제의 군대를 무찔렀어요. 온달의 공을 알게 된 평원왕은 **입이 귀밑까지 찢어져서** "이 사람이 바로 내 사위다!"라고 하며 크게 기뻐했답니다.

천하를 얻은 듯

'천하'는 하늘 아래의 온 세상을 의미해요. 모든 세상을 손에 넣었으니 얼마나 좋겠어요? 즉, 이 세상을 다 가진 것처럼 매우 만족스럽고 기쁘다는 말이에요.

08

쥐구멍을 찾다

부끄럽거나 난처한 상황이어서 어디에라도 숨고 싶은 마음, 도망치고 싶은 마음을 표현한 말이에요. 비슷한 관용어로 '얼굴이 화끈거리다', '낯이 뜨겁다'가 있어요.

율리시스 그랜트는 남북 전쟁 때 북군 총사령관을 지낸 장군으로, 훗날 미국 제18대 대통령에 당선돼요. 그랜트는 미국 50달러 지폐에 등장할 만큼, 당시 흑백으로 분열된 미국을 통합하고 경제를 회복시킨 대통령으로 평가받고 있어요. 그런데 이렇게 훌륭한 그랜트 대통령도 **쥐구멍을 찾고** 싶을 정도로 부끄러운 일에 휘말린 적이 있어요.

그랜트 대통령은 마차를 빨리 모는 나쁜 습관이 있었어요. 그는 대통령이 된 뒤에도 마차를 빠르게 몰다가 경찰관에게 붙잡히게 되었지요. 그랜트 대통령은 자신의 신분을 밝히며 경찰관이 적당히 넘어가 주길 바랐지만, 경찰관은 아랑곳하지 않고 경고를 주었어요. 그랜트 대통령은 다음 날 또다시 과속을 했고, 같은 경찰관에게 적발되어 체포되고 말았어요. 보석으로 풀려나긴 했지만, 그랜트 대통령은 '임기 중 체포를 당한 최초의 대통령'이라는 부끄러운 기록을 가지게 되었답니다.

철면피 (鐵: 쇠 철, 面: 낯 면, 皮: 가죽 피)

'쇠로 만든 얼굴 가죽'이라는 뜻으로, 부끄러움을 모르는 뻔뻔한 사람을 가리켜요. 옛날 중국에 왕광원이라는 사람이 있었는데, 출세를 위해 지위가 높은 사람들에게 늘 굽신거렸어요. 이를 본 사람들이 "왕광원의 얼굴은 열 겹의 갑옷처럼 두껍다."고 수군거린 데서 유래한 말이에요.

콧등이 시큰하다

이런 뜻이에요

눈물이 나오기 직전에 코 주변이 찡할 때가 있어요. 사람의 눈과 코는 '코눈물관'으로 이어져 있는데, 눈물이 코눈물관으로 흘러들어서 자극을 주기 때문이래요. 그래서 감격하거나 슬퍼서 눈물이 나오려 할 때 '콧등이 시큰하다', '코끝이 찡하다'는 표현을 써요.

함께 읽어요

〈세 친구〉

한 남자가 왕으로부터 당장 궁으로 오라는 편지를 받았어요. 남자는 혼자 가기 무서워서 세 친구를 각각 찾아가 궁까지 함께 가 달라고 부탁했지요. 첫 번째 친구는 가장 친하고 믿을 만한 사람이었어요. 하지만 남자의 부탁을 대번에 거절했지요. 두 번째 친구는 친하긴 했지만 아주 가깝진 않았어요. 두 번째 친구도 성 앞까지만 데려다주겠다고 했지요. 남자는 마지막으로 이름만 아는 세 번째 친구를 찾아갔는데 뜻밖의 대답을 들었어요.

"얼마나 두려운가? 내가 함께 가겠네."

남자는 큰 감동을 받아서 **콧등이 시큰해졌답니다.** 남자의 첫 번째 친구는 '재산'이에요. 돈은 내가 죽는 순간 쓸모없는 종잇조각이 돼요. 두 번째 친구는 '가족'으로 무덤 앞에선 슬퍼하지만 곧 집으로 돌아가요. 세 번째 친구는 '선행'이에요. 평소엔 눈에 띄지 않지만 죽은 뒤에도 영원히 나와 함께 있어 주지요.

비슷한 고사성어

감개무량 (感: 느낄 감, 慨: 분개할 개, 無: 없을 무, 量: 헤아릴 량)

마음속에서 느끼는 감동이나 느낌이 헤아릴 수 없을 만큼 크다는 뜻이에요.

피가 마르다

이런 뜻이에요

매우 괴롭거나 애가 탄다는 뜻이에요. 여기서 '애'는 우리 몸속의 창자를 가리켜요. 창자가 타는 것처럼 매우 초조해하며 걱정한다는 의미지요. 비슷한 관용어로 '애간장을 태우다', '가슴을 태우다', '속을 끓이다'가 있어요.

함께 읽어요

고대 중국의 역사를 기록한 《사기》에는 다음의 일화가 실려 있어요. 순왕은 매해 여름마다 황하강이 넘쳐 홍수가 나자 걱정이 많았어요. 그래서 숭 지역의 수령이었던 곤에게 치수 사업을 맡겼지요. 하지만 십 년이 다 되도록 곤은 홍수 문제를 해결하지 못했어요. 크게 분노한 순왕은 곤을 죽인 뒤 곤의 아들 우에게 치수 사업을 맡겼지요. 우는 아버지의 죽음을 슬퍼하며 자신의 책임을 한시도 잊지 않았어요. 그는 십삼 년 동안 집에도 가지 않고, 문제를 해결하기 위해 **피가 마르는** 노력을 거듭했지요. 그 결과, 우는 아버지가 해내지 못한 치수 사업을 성공적으로 마쳤어요. 그 뒤로도 수많은 공을 쌓은 우는 순왕의 뒤를 이어 왕위에 올랐답니다. 바로 이 이야기에서 고사성어 '노심초사'가 유래했어요.

*치수: 수리 시설을 지어 홍수나 가뭄을 막는 일

비슷한 고사성어

노심초사 (勞: 힘쓸 노, 心: 마음 심, 焦: 그을릴 초, 思: 생각 사)

'노심'은 마음을 쓴다는 뜻이며, '초사'는 마음을 태우며 생각한다는 의미예요. 한 가지 일에 깊이 몰입하면서 속이 타들어 갈 만큼 걱정하며 마음을 졸일 때 이 성어를 써요.

숨은 관용어 찾기
① 공룡 테마파크

아이들이 특히 좋아하는 공룡 테마파크!
온 가족이 함께 즐거운 시간을 보내고 있네요.
그림 속에 숨은 관용어를 찾아보세요!

1. 간이 콩알만 해지다
2. 눈이 돌아가다
3. 배꼽이 빠지다
4. 속이 시원하다
5. 어깨가 무겁다
6. 억장이 무너지다
7. 입이 귀밑까지 찢어지다
8. 쥐구멍을 찾다
9. 콧등이 시큰하다
10. 피가 마르다

➡ 정답은 154쪽에 있어요.

2장

다양한 행동을 보여 주는 말

11 귀를 기울이다

다른 사람 말에 관심이 가면 자신도 모르게 그쪽으로 몸이나 얼굴이 기울어요. 즉, 귀를 기울인다는 것은 다른 사람의 말을 주의 깊게 듣는다는 뜻이에요. '귀를 재다', '귀를 세우다'도 비슷한 말이지요.

오르페우스 신화

그리스 신화에 나오는 음악가 오르페우스는 리라를 다루는 솜씨가 매우 뛰어났어요. 오르페우스가 리라를 연주하면 너나없이 매료되었지요. 그러던 어느 날 아내 에우리디케가 뱀에게 물려 죽자, 오르페우스는 저승으로 내려가 저승의 왕 하데스에게 아내를 살려 달라고 간청했어요. 하지만 하데스가 들은 체도 하지 않자 오르페우스는 리라를 연주해 하데스와 저승 신들의 마음을 녹이지요. 하데스는 에우리디케를 살려 주기로 마음을 바꾸는데, 대신 한 가지 조건을 걸어요. 오르페우스가 저승을 빠져나갈 때까지 절대 뒤를 돌아보면 안 된다는 것이었죠. 그렇게 에우리디케를 데리고 지상으로 출발한 오르페우스는 아내의 발걸음 소리에 계속 **귀를 기울였어요**. 아내가 잘 따라오는지 느끼려고 애썼지요. 그런데 지상에 거의 도착했을 무렵 아내의 발걸음 소리가 들리지 않았어요. 결국 오르페우스는 참지 못하고 뒤를 돌아보았고, 에우리디케는 순식간에 저승으로 빨려 들어가고 말았어요.

귓등으로 듣다

듣고도 들은 체 만 체한다는 뜻이에요. 우리는 귀 안쪽까지 소리가 전해져야 들을 수 있어요. 하지만 '귓등'은 귓바퀴의 바깥쪽 부분이기 때문에 귓등으로 들었다는 것은 제대로 집중해서 듣지 않았다는 말이죠.

눈 딱 감다

'눈 딱 감다'는 두 가지 뜻이 있어요. 먼저 다른 것은 전혀 생각하지 않는다는 의미로, "눈 딱 감고 비싼 신발을 샀어."처럼 말할 수 있지요. 그리고 남의 잘못을 못 본 체한다는 뜻도 있어요. 예를 들면 "선생님이 이번 한 번만 눈 딱 감아 주마. 다시는 그러면 안 돼."라고 표현할 수 있어요.

소크라테스는 '너 자신을 알라!'는 말로 유명한 고대 그리스의 철학자예요. 신보다 이성을 중시하는 학문으로 많은 제자들의 존경을 받았지요. 그러나 소크라테스는 말년에 감옥에 갇혀 사형 선고를 받게 돼요. 소크라테스의 가르침이 사람들의 생각과 사회 질서를 어지럽힌다는 이유였어요. 누가 봐도 소크라테스를 시기하는 사람들이 벌인 일이었지요.

소크라테스가 독약을 먹고 생을 마감해야 하는 처지가 되자 많은 제자들이 감옥을 찾아와 **눈 딱 감고** 감옥에서 도망치라고 했어요. 하지만 소크라테스는 "법이 정의롭지 않다고 그것을 어기는 것은 옳지 않다."면서 독약을 마셔요. 과연 소크라테스의 선택은 옳았을까요? 이 이야기를 읽고, 부당한 규칙이나 법도 꼭 따라야 하는 것인지 함께 생각해 보면 좋겠어요.

꼬집어 말하다
엄지와 검지로 살을 꼬집는 것처럼 어떤 사실을 분명하게 콕 집어 지적한다는 뜻이에요. 다른 사람의 잘못을 비난할 때 이런 표현을 쓰지요.

등을 떠밀다

이런 뜻이에요

사람들로 꽉 찬 만원 지하철에서 등을 떠밀릴 때가 있어요. 그러면 내가 원치 않아도 몸이 이리저리 움직이게 되지요. 이처럼 '등을 떠밀다'는 원하지 않는 일을 억지로 시키거나 부추기는 것을 말해요.

함께 읽어요

고대 이스라엘 왕국의 다윗 왕은 거미를 아주 싫어했어요. 특히 거미줄이 쳐진 곳은 더럽다고 생각했지요. 그러던 어느 날, 큰 전쟁이 벌어졌고 다윗 왕은 적의 맹렬한 공격에 모든 것을 버리고 도망치는 신세가 되었어요. 날이 어두워지자 기운이 빠진 다윗 왕은 쉴 곳을 찾아 주변을 살폈어요. 하지만 몸을 숨길 만한 장소는 거미줄이 빽빽이 쳐진 깊은 동굴뿐이었지요. 다윗 왕은 끔찍했지만, **등을 떠밀리듯이** 동굴 안으로 들어가 단잠에 빠졌어요.

얼마 뒤 다윗 왕은 시끄러운 소리에 눈을 떴어요. 다윗왕을 뒤쫓던 적군 무리가 어느새 동굴 앞까지 왔던 거예요.

"여기는 절대 아니야. 다윗 왕은 거미와 거미줄을 진짜 싫어한대. 여기 좀 봐. 이런 곳에 다윗 왕이 있을 리 없어."

동굴 안을 기웃거리던 적군은 그렇게 말한 뒤 다른 곳을 수색하러 떠났어요. 다윗 왕은 그토록 싫어하던 거미 덕에 목숨을 건지자 무릎을 꿇고 감사의 기도를 올렸어요.

비슷한 속담

울며 겨자 먹기

맵다고 울면서도 겨자를 먹는다는 뜻이에요. 싫은 일을 마지못해 하는 상황을 비유적으로 표현한 거예요.

말꼬리를 잡다

말꼬리는 말[馬]의 꼬리가 아니라, '한마디 말 또는 한 차례 말의 맨 끝'을 의미해요. '말꼬리를 잡다'는 상대방의 말실수나 오류를 잡아 꼬치꼬치 따지는 거예요.

조선은 세종 때 나라가 크게 발전하고 안정되었어요. 하지만 이때부터 신하들 사이에 조금씩 틈이 생겼지요. 학문이나 정치에 대한 생각이 비슷한 사람들끼리 파를 이루었고, 파가 다른 사람들은 서로 소통하지 않았어요. 특히 선조 때 '동인'과 '서인' 두 파로 나뉘었는데, 이를 '붕당'이라고 해요. 처음에는 두 파가 서로의 부족한 점을 비판하면서 나라를 잘 이끌려고 노력했어요. 하지만 나중에는 권력과 자신의 이익을 챙기는 데에만 급급했지요. 이들이 **말꼬리를 잡는** 싸움을 하는 동안 나라 살림과 백성의 삶은 점점 더 어려워졌어요. 붕당의 갈등은 숙종 때 최고조에 달했고, 결국 서로 크게 다투면서 많은 사람들이 목숨을 잃거나 벌을 받아 귀양을 갔답니다.

꼬투리를 잡다

꼬투리는 콩의 열매를 싸고 있는 껍질이에요. '꼬투리를 잡다'는 콩의 알맹이가 아니라 콩의 껍질에 집착한다는 말로, 본질이나 핵심 대신 사소한 것에 얽매이는 태도를 가리키지요. 즉, 상대방의 말이나 행동에서 허점을 찾아 물고 늘어진다는 뜻이에요.

목에 힘을 주다

이런 뜻이에요

목에 힘을 주고 고개를 빳빳하게 드는 사람을 보면 어떤 생각이 드나요? 자신감이 넘쳐 보일 수도 있지만 지나치면 남을 무시하는 것처럼 느껴져요. '목에 힘을 주다'는 거만하게 굴거나 잘난 체하며 남을 깔본다는 뜻이에요. 비슷한 말로 '거드름을 피우다', '콧대가 높다'가 있어요.

함께 읽어요

1979년 박정희 정부가 우여곡절 끝에 막을 내렸어요. 사람들은 이제 국민의 손으로 직접 민주적인 정부를 세울 수 있을 거라는 희망에 부풀었지요. 그런데 당시 국군 보안 사령관이었던 전두환이 군대를 동원해 정권을 차지하는 일이 벌어졌어요. 놀란 시민들이 민주화를 요구하는 시위를 벌이자 전두환은 비상 계엄령을 선언했지요. 그리고 1980년 5월 18일, 전남 광주에서 '5·18 민주화 운동'을 벌인 시민들에게 총을 쏘라는 명령을 서슴지 않고 내려요. 그 결과 수많은 사람들이 다치고 2백여 명이 목숨을 잃었지요. '5·18 민주화 운동'은 이후 우리나라의 민주화 운동에 밑거름이 되었답니다. 그런데 정작 전두환은 **목에 힘을 주고** 자신은 총을 쏘라는 명령을 내린 적이 없다며 끝까지 사과하지 않았어요. 오히려 폭동을 진압할 수 있는 것 아니냐며 목소리를 높였죠. 그는 죽는 순간까지 자신의 잘못을 인정하지 않았어요.

비슷한 고사성어

안하무인 (眼: 눈 안, 下: 아래 하, 無: 없을 무, 人: 사람 인)
눈 아래에 사람이 없다는 뜻으로, 다른 사람을 무시하고 깔보는 행동이나 그렇게 행동하는 사람을 가리켜요.

무릎을 치다

갑자기 놀라운 사실을 알게 되었거나 희미한 기억이 되살아날 때 또는 매우 기쁠 때 보이는 태도를 표현하는 말이에요.

금은방에서 금시계가 사라지는 사건이 발생했어요. 경찰이 곧장 출동하여 금은방 내부를 살폈지요. 그런데 가게에는 사람이 들어온 흔적이 전혀 없었어요. 모든 가능성을 열어 놓고 수사하던 경찰은 금은방 직원을 용의자로 지목했어요. 그리고 예리한 눈빛으로 질문을 던졌지요.

"당신은 범행이 일어나는 동안 무엇을 하고 있었죠?"

직원은 경찰의 눈을 피하며 더듬더듬 대답했어요.

"전…, 절대 아니에요. 저는 금시계를 훔치지 않았어요."

그 순간, 경찰이 미소를 지으며 **무릎을 쳤어요**.

"당신을 범인으로 체포하겠습니다."

"제가 금시계를 훔쳤다는 증거가 있나요?"

그러자 경찰이 자신감 넘치는 목소리로 말했어요.

"전 '금시계'가 없어졌다는 사실을 누구에게도 말하지 않았어요. 그런데 당신은 그걸 어떻게 알고 있죠? 그건 바로 당신이 범인이기 때문입니다."

뇌리를 스치다

사람의 두뇌에서 의식이나 기억, 생각이 들어 있는 영역을 '뇌리'라고 해요. '스치다'는 느낌, 생각, 표정 따위가 떠올랐다가 금방 사라지는 것을 뜻하지요. 즉, 갑자기 무언가 생각났을 때 '뇌리를 스쳤다'라고 말해요.

물 쓰듯

이런 뜻이에요

물을 돈 주고 사 먹는 시대이긴 하지만, '물'은 과거나 지금이나 매우 흔하고 쉽게 구할 수 있지요. 그래서 옛날 사람들은 무언가를 아끼지 않고 펑펑 쓸 때 '물 쓰듯' 한다고 했어요. 이 표현이 굳어져 지금까지 사용하고 있어요.

함께 읽어요

마리 앙투아네트 왕비는 프랑스 혁명 당시 왕이었던 루이 16세의 아내로, 단두대에서 처형되는 비운의 인물이에요. 마리 앙투아네트 왕비가 죽음을 당한 데에는 여러 가지 이유가 있지만, 돈을 **물 쓰듯** 하는 사람이라는 악명이 큰 몫을 차지했지요. 당시 가난에 허덕이던 프랑스 시민들은 호화로운 생활을 하는 귀족과 왕족들을 못마땅하게 생각했어요. 그중에서도 온갖 사치와 낭비를 일삼는 마리 앙투아네트 왕비를 특히 미워했지요. 결국 마리 앙투아네트 왕비는 프랑스 혁명이 일어나자 분노한 시민들에게 붙잡혀 단두대에서 생을 마감했어요. 그런데 프랑스 시민들이 빵도 못 먹을 정도로 힘들다고 했을 때, "빵이 없으면 케이크를 먹으면 되지."라고 말한 사람은 마리 앙투아네트 왕비가 아니에요. 왕비에 대한 갖가지 거짓 소문이 눈덩이처럼 불어나 왕비가 했던 여러 말들이 왜곡되었던 거라고 해요.

비슷한 우리말

흥청망청

돈이나 물건을 마구 쓰거나 흥이 나서 마음껏 즐기는 것을 뜻해요. 조선 연산군은 나랏일은 뒤로 한 채 여자와 술에 빠져 지냈는데, 이때 연산군이 궁으로 불러들인 여인들을 '흥청'이라고 했지요. 흥청들과 놀다가 결국 왕위에서 쫓겨난 연산군을 보며 백성들이 '흥청망청'이라고 불렀다고 해요.

변덕이 죽 끓듯 하다

이런 뜻이에요

'변덕'은 잘 변하는 태도나 성질을 뜻해요. 그리고 죽이 끓는 모습을 보면 거품이 어디로 튈지 알 수 없을 정도로 여기저기서 솟아오르고, 순식간에 끓어 넘치기도 해요. 즉, '변덕이 죽 끓듯 하다'는 말이나 행동을 이랬다저랬다 하는 것을 의미해요.

함께 읽어요

〈비겁한 박쥐〉

숲속의 들짐승과 날짐승 사이에 싸움이 벌어졌어요. 싸움이 들불처럼 번지자, 박쥐는 어느 쪽에 붙으면 좋을지 궁리했어요. 처음에는 수가 많은 들짐승이 이길 것 같았어요. 박쥐는 두 발로 사자 앞으로 걸어가, 자신은 들짐승이 확실하다고 아양을 떨었지요. 사자는 매우 흡족하게 박쥐를 들짐승 무리로 받아들였어요. 그런데 얼마 뒤 날짐승의 기세가 드세지자, 박쥐는 얼른 날개를 펴고 독수리를 찾아갔어요. 그러고는 자신은 날짐승이라면서 독수리에게 충성을 맹세했지요.

박쥐는 그 뒤로도 싸움이 엎치락뒤치락할 때마다 이리저리 편을 옮겨 다니며 편하게 지냈어요. 그런데 들짐승과 날짐승이 싸움을 멈추고 사이좋게 지내기로 약속하자, 상황이 완전히 바뀌었어요. **변덕이 죽 끓듯** 말을 바꾸던 박쥐에게 모두 등을 돌렸지요. 그 뒤로 박쥐는 낮에는 어두운 동굴에 숨어 있다가 밤에만 몰래 날아다니는 신세가 되었답니다.

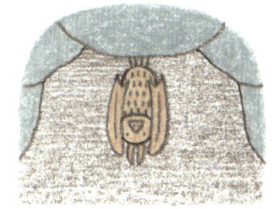

비슷한 고사성어

일구이언 (一: 한 일, 口: 입 구, 二: 두 이, 言: 말씀 언)

한 입으로 두 말을 한다는 뜻이에요. 약속을 자주 어기거나 말을 잘 바꾸는 사람에게 이 성어를 써요.

시치미를 떼다

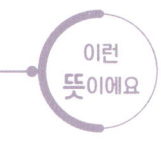
자기가 하고도 안 한 척하거나 알고 있으면서 모르는 체하는 행동을 뜻해요. 즉, 자신의 잘못을 부정한다는 의미지요. 비슷한 관용어로 '오리발을 내밀다'가 있는데, 이 말도 엉뚱하게 딴청을 부리는 태도를 가리켜요.

'시치미를 떼다'는 고려시대 매사냥에서 유래한 말이에요. 매사냥은 길들인 매를 풀어서 꿩 같은 새를 잡는 거예요. 그런데 매사냥이 왕실과 관료들 사이에서 크게 유행하자, 남의 좋은 매를 슬쩍 자기 매로 바꿔치기하는 범죄가 늘어났어요. 그러자 화가 난 사람들이 매가 바뀌거나 매를 훔쳐 가는 것을 막기 위해 매의 꽁지깃 속에 네모난 뿔을 달았어요. 뿔에는 매 주인의 이름과 주소 등을 적어 두었지요. 이 네모진 뿔이 바로 '시치미'예요.

하지만 시치미가 소용없는 경우도 많았어요. 다른 사람이 잘 훈련시킨 훌륭한 매가 탐이 나면, 시치미를 떼어 버린 뒤 자기 매라고 우겼기 때문이에요. 그러면 진짜 매의 주인도 어쩔 도리가 없었어요. 이처럼 남의 매에서 시치미를 슬그머니 떼고 자기 매처럼 사용한다는 데서 **시치미를 떼다**는 말이 생겨났답니다.

벼룩도 낯짝이 있다
보잘것없는 존재라도 부끄러움을 안다는 뜻이에요. 즉, 염치 있게 행동해야 한다는 의미가 담겨 있어요. 작은 벼룩도 양심이 있어 창피하고 미안한 걸 아는데, 사람이라면 당연히 조그만 양심이라도 있어야겠지요?

찬물을 끼얹다

이런 뜻이에요

모두가 흥겨운데 엉뚱한 말이나 행동을 해서 분위기를 망치는 경우가 있어요. 이럴 때 '찬물을 끼얹다'라고 말해요. 잘되어 가고 있는 일에 괜히 트집을 잡거나 훼방을 놓는다는 뜻이지요.

함께 읽어요

임진왜란 당시 진주에서 왜병과 치열한 전투가 벌어졌어요. 이때 진주성이 함락되면서 수많은 백성들이 목숨을 잃었지요. 왜군은 승리에 취해 기생까지 불러 촉석루에서 술판을 벌였어요. 이때 곱게 차려입은 논개라는 여성이 촉석루에 기생으로 와 있었어요. 논개는 누각 가장자리, 절벽 가까운 곳에 서서 왜군들을 유혹했어요. 그 모습에 보고 한 장수가 논개에게 다가왔지요. 논개는 알 듯 말 듯한 미소를 짓다가 왜군 장수를 꽉 끌어안고 절벽 아래로 몸을 던졌어요. 논개가 자신의 목숨을 바쳐 장수를 죽이자, 왜군의 분위기는 **찬물을 끼얹은** 듯 순식간에 가라앉았어요.

훗날 진주 사람들은 논개의 의로운 행동을 기리고 넋을 달래기 위해 남강 옆에 사당을 지었어요. 하지만 논개의 신분이 번듯하지 않아 처음에는 나라에서 논개의 공을 인정하지 않았지요. 이후 논개의 의거는 점점 유명해져서 18세기 초 경종 대에 그 업적을 인정받게 되었답니다.

비슷한 관용어

김이 빠지다

밥을 짓고 있는 냄비 뚜껑을 중간에 열면 김이 새어서 밥맛이 좋지 않아요. 이처럼 한창 잘 진행되고 있던 일이 잘못되거나 흥이 깨진 것을 보고 '김이 빠지다', '김이 새다'라고 한답니다.

숨은 관용어 찾기
② 학교 교실

수업이 끝나고 쉬는 시간이 되자 아이들의 표정이 엄청 밝아졌어요. 교실 안에 꼭꼭 숨은 관용어를 찾아보세요!

1. 귀를 기울이다
2. 눈 딱 감다
3. 등을 떠밀다
4. 말꼬리를 잡다
5. 목에 힘을 주다
6. 무릎을 치다
7. 물 쓰듯
8. 변덕이 죽 끓듯 하다
9. 시치미를 떼다
10. 찬물을 끼얹다

➜ 정답은 154쪽에 있어요.

3장

생각과 마음가짐이 담긴 말

가슴에 새기다

'새기다'는 글씨나 형상을 판다는 뜻 외에도, 잊지 않도록 마음에 깊이 기억한다는 의미도 있어요. 그러니까 '가슴에 새기다'는 고마움이나 깨달은 사실을 잊지 않고 반드시 기억하겠다는 마음을 표현하는 말이에요.

도요토미 히데요시는 1592년 임진왜란을 일으킨 인물로 우리에게 잘 알려져 있지요. 히데요시는 당시 최고 권력자였던 오다 노부나가의 부하였는데, 노부나가가 죽자 재빨리 그 자리를 차지하고 일본 통일을 이루었어요.

단번에 일본 최고 통치자로 떠오른 히데요시는 조선과 명나라까지 차지하려는 욕심을 드러냈어요. 그 결과 임진왜란이 일어난 것이지요. 하지만 일본은 임진왜란 때 조선에게 연이어 패하면서 국력이 급격히 떨어졌어요. 히데요시를 비난하는 사람들도 점점 많아졌지요. 그러던 중 1598년에 히데요시가 죽자, 그의 부하였던 도쿠가와 이에야스가 정권을 잡았어요. 이에야스는 지나치게 권력을 탐했던 히데요시의 잘못된 행동을 **가슴에 새겼어요**. 똑같은 행동은 절대 하지 않겠다고 마음 먹었지요. 그래서 이에야스는 나라를 안정시키는 데 온 힘을 쏟았고 조선과도 평화롭게 지냈답니다.

백골난망 (白: 흰 백, 骨: 뼈 골, 難: 어려울 난, 忘: 잊을 망)
죽어서 몸이 썩고 뼈만 남아도 절대 잊을 수 없다는 뜻이에요. 다른 사람이 베풀어 준 은혜를 매우 고마워한다는 의미가 담겨 있어요.

가슴을 펴다

살다 보면 부끄러운 일, 실패하는 일이 종종 생겨요. 그렇다고 웅크릴 필요는 없어요. 가슴을 활짝 펴고 자신감을 가지세요. '가슴을 펴다'는 꿀릴 것 없이 당당한 태도를 말해요. 비슷한 관용어로 '어깨를 펴다'가 있어요.

최강의 군대를 거느린 로마군이 예루살렘을 침략하려고 기회를 엿보고 있었어요. 당시 많은 존경을 받던 랍비 요하난은 로마군에게 점령당하더라도 유대인의 전통만은 반드시 지켜야 한다고 생각했지요. 그래서 로마 사령관을 만나 담판을 짓기로 마음먹었어요. 요하난은 자신이 죽었다고 가짜 소문을 퍼뜨린 뒤 관 속에 몸을 숨기고 예루살렘을 빠져나왔어요. 그리고 우여곡절 끝에 베스파시아누스 사령관을 만날 수 있었지요. 요하난은 사령관을 보자마자 대뜸 "당신은 로마 제국의 황제가 될 것입니다."라고 말했어요. 황제가 되고 싶었던 베스파시아누스 사령관은 반색하며 요하난에게 원하는 것이 무엇이냐고 물었어요. 요하난은 **가슴을 펴고** 당당하게 답했지요.
"예루살렘을 모두 파괴하더라도 학교 하나는 꼭 남겨 주십시오."
베스파시아누스 사령관은 요하난의 요구가 별것 아니라고 여겨 흔쾌히 수락했어요. 얼마 뒤 예루살렘은 로마에게 무너졌지만, 요하난 덕분에 학교 하나는 남겨졌지요. 그 덕에 수천년 동안 이어진 유대인의 전통이 끊기지 않고 지켜질 수 있었어요.

위풍당당 (威: 위엄 위, 風: 바람 풍, 堂: 당당할 당, 堂: 당당할 당)
겉모습이나 태도가 아주 떳떳하고 위엄이 넘치는 것을 말해요.

눈에 불을 켜다

이런 뜻이에요

'눈에 불을 켜다'는 두 가지 의미로 쓰여요. 하나는 욕심을 내거나 관심을 기울인다는 것이고, 다른 하나는 화가 나서 눈을 부릅뜨는 것이에요. 어떤 상황에서 말하느냐에 따라 뜻이 달라져요.

함께 읽어요

수혁이와 민재는 피구 실력이 뛰어나요. 둘이 같은 팀이 되어 **눈에 불을 켜고** 달려들면 백전백승 천하무적이었지요. 이번 체육 시간에 수혁이와 민재가 한 팀이 되었어요. 그런데 둘 사이가 심상치 않았어요. 돌아가며 수비와 공격을 해야 하는데, 수혁이와 민재는 서로 공격을 하겠다고 소리쳤지요. 보다 못한 반장 수영이가 나섰어요.

"민재야, 수혁아. 둘 다 공격만 하니까 수비가 약해지잖아. 그만 다투고 서로 돌아가면서 수비 좀 해."

그러자 민재가 **눈에 불을 켜고** 소리를 버럭 질렀어요.

"뭐, 수비? 내가 왜 그래야 되는데? 싫어!"

반면 수혁이는 수영이 말에 고개를 끄덕이고, 자신이 양보하기로 마음먹었지요.

"그래, 공격만큼 수비도 중요하니까 내가 수비를 맡을게."

이후 수혁이와 민재의 팀워크가 살아나면서 멋지게 승리할 수 있었어요. 뒤늦게 자신의 욕심을 깨달은 민재는 민망한 마음에 머리를 긁적였답니다.

비슷한 관용어

눈독을 들이다

'눈독'은 눈에 서리는 독한 기운을 말해요. 무언가에 욕심이 나서 눈여겨볼 때 이렇게 표현해요.

머리를 쥐어짜다

'쥐어짜다'는 여러 가지 뜻이 있어요. 무언가를 비틀고 눌러서 억지로 나오게 한다는 의미도 있고, 골똘히 생각하고 궁리한다는 뜻도 있지요. '머리를 쥐어짜다'는 좋은 생각이 떠오를 때까지 열심히 노력하는 것을 말해요.

미노타우로스 신화

고대 그리스의 미노스 왕은 아들 미노타우로스 때문에 골치가 아팠어요. 미노타우로스는 소의 얼굴에 인간의 몸을 가진 괴물로 사람을 잡아먹었거든요. 미노스 왕은 **머리를 쥐어짠** 끝에 건축가 다이달로스에게 미궁(미로)을 지으라고 명했어요. 그리고 이곳에 아들을 가둔 뒤, 매년 아테네로부터 열두 사람을 제물로 받아 미노타우로스에게 먹이로 던져 주었지요.

아테네의 왕자 테세우스는 죄 없는 사람들이 제물로 희생되는 것을 막기 위해 미노타우로스를 없애기로 마음먹었어요. 그런데 아무리 머리를 쥐어짜도 미노타우로스를 죽인 뒤 미궁에서 빠져나올 방법이 떠오르지 않았어요. 그런데 미노스 왕의 딸 아리아드네가 미궁 입구에 실을 묶은 뒤 실타래를 풀며 들어갔다가 그 실을 다시 감으며 나오면 미궁에서 빠져나올 수 있다고 조언했어요. 덕분에 테세우스는 미노타우로스를 죽이고 무사히 미궁에서 탈출할 수 있었어요.

거미줄로 방귀 동이듯

'동이다'는 끈이나 실로 감거나 묶는 것을 말해요. 가느다란 거미줄로 손에 잡히지도 않는 방귀를 묶을 수 있을까요? 이 속담은 일을 할 때 건성으로 하는 체만 하는 모양을 가리켜요.

발 벗고 나서다

이런 뜻이에요

옛날에는 농사가 온 마을의 과제였어요. 모내기 시기를 놓치면 한 해 농사를 망치기 때문에 마을 사람들이 신발과 버선을 벗고 서로의 논에 들어가 일을 도와주었지요. 이처럼 어떤 일에 적극적으로 나설 때 '발 벗고 나서다'라고 해요. 비슷한 관용어로 '팔을 걷어붙이다'가 있어요.

함께 읽어요

경찰이 음주 단속을 시작했어요. 그런데 한 운전자가 창도 내리지 않고 경찰과 실랑이를 벌였어요. 경찰이 차에서 내리라고 경고했지만, 운전자는 속도를 높여 달아났지요. 돌발 상황에 주변의 많은 사람들이 깜짝 놀랐고, 한 사람이 달아나는 차에 치여 크게 다치기까지 했어요.

경찰은 곧장 도망친 차를 뒤쫓았고 도로 위 추격전이 벌어졌어요. 다행히 도망치던 차는 앞서 달리던 차와 부딪히면서 멈추었죠. 그런데 운전자가 차 문을 열고 뛰쳐나와 또다시 달아났어요. 경찰이 부리나케 쫓아가자 상황을 눈치챈 시민들이 도망치는 운전자를 잡기 위해 **발 벗고 나섰지요**. 덕분에 음주 운전 용의자를 빠르게 잡을 수 있었어요. 만약 시민들이 발 벗고 나서 주지 않았다면 운전자를 놓치면서 더 큰 사고가 날 수도 있었지요. 이렇게 내 일처럼 나서서 도와주는 사람들이 많을 때 우리 사회가 살맛 나는 따뜻한 세상이 될 수 있답니다.

반대 관용어

손을 놓다

어떤 일을 그만두고 물러나거나 더는 그 일에 관여하지 않는다는 뜻이에요. '손을 떼다', '발을 빼다'도 같은 의미로 사용해요.

밤낮을 가리지 않다

쉬지 않고 계속한다는 뜻이에요. 목표를 이루기 위해 열심히 노력하는 모습을 비유적으로 이르는 말이지요.

미국의 기업가이자 애플(Apple)을 창업한 스티브 잡스는 디지털 시대를 연 아이콘으로 일컬어지는 인물이에요. 잡스는 2005년 스탠퍼드대학교 졸업 축사에서 "Stay hungry, stay foolish."라는 말을 남겼지요. 직역하면 '배고픈 상태로 머물러라, 어리석은 상태로 머물러라."라는 뜻이지만, 실제로는 굶주린 것처럼 계속 나아가고 미련한 것처럼 끊임없이 시도하라는 말이에요. 그러니까 현재의 편안함에 만족하지 말고, 새로운 것을 더 간절히 바라야 한다는 뜻이지요.

잡스는 실제로 혁신적인 제품을 개발하기 위해 **밤낮을 가리지 않고** 노력했어요. 자신이 세운 애플에서 쫓겨나는 위기도 있었지만, 언제나 한결같은 열정으로 노력했기에 다시 우뚝 일어나 세계적인 기업가가 되었지요.

여러분도 잡스처럼 밤낮없이, 꾸준히 노력한다면 분명 원하는 꿈을 이룰 수 있을 거예요.

불철주야 (不: 아닐 불, 撤: 거둘 철, 晝: 낮 주, 夜: 밤 야)

낮에도 밤에도 일을 거두지 않는다는 뜻이에요. 밤낮없이 어떤 일에 정성을 쏟으며 노력하는 모습을 가리켜요.

주야장천 (晝: 낮 주, 夜: 밤 야, 長: 길 장, 川: 내 천)

'밤낮으로 쉬지 않고 연달아'라는 뜻이지요. '언제나', '늘', '끊임없이'와 똑같은 의미예요.

뿌리 뽑다

이런 뜻이에요

뿌리가 뽑힌 식물은 더 이상 살아갈 수 없지요. '뿌리 뽑다'는 사물이나 현상의 근원을 없애 버린다는 뜻이에요. 비슷한 관용어로 '싹을 자르다', '씨를 말리다'가 있어요.

함께 읽어요

통일 신라는 말기에 이르자 나라가 매우 어지러웠어요. 관료들은 대놓고 부정부패를 일삼았고, 흉년까지 겹치자 백성들은 먹고살기가 매우 힘들었어요. 이때 통일 신라의 문제점을 **뿌리 뽑고** 새 시대를 열겠다는 사람이 나타났어요. 바로 후고구려의 궁예와 후백제의 견훤이었지요.

특히 궁예가 백성들의 지지를 많이 받았는데, 모두에게 공평한 정책을 폈기 때문이에요. 그래서 많은 사람들이 궁예를 따랐고, 곧 살기 좋은 세상이 올 거라는 희망을 가졌지요. 그러나 궁예는 이후 급격하게 변해 갔어요. 죄 없는 사람들을 아무 이유 없이 죽여서 호족 세력들과 갈등을 빚었고, 자신을 '미륵'이라고 칭하면서 괴상한 행동을 했어요. 그 결과 궁예는 918년에 왕건에게 왕위를 빼앗기고 말아요. 왕건은 궁예의 공포 정치를 뿌리 뽑고 후삼국을 통일해 새 시대의 시작을 알렸답니다.

비슷한 고사성어

발본색원 (拔: 뺄 발, 本: 근본 본, 塞: 막힐 색, 源: 근원 원)

뿌리를 뽑고, 근원을 막아 없앤다는 뜻이에요. 옳지 않거나 해로운 일의 원인이 되는 것을 완전히 없애서 다시는 그런 일이 생기지 않도록 한다는 말이에요.

손꼽아 기다리다

드디어 오늘!
얼마나 기다렸는지 몰라. 신난다.

아직 좀 더 기다려야 하네.
시간이 왜 이렇게 느리게 가지?

꺄아, 이제 진짜 오실 때가 된 것 같은데.
기다리기 너무 힘들다~

딩동~

아빠 왔다.
자, 약속한 치킨!

우아, 드디어!!
기다리고 기다리던
나의 치킨 님~

그렇게 좋아?

이런 뜻이에요
기대에 차서 또는 안타까운 마음으로 무언가를 애타게 기다린다는 말이에요. '눈이 빠지게 기다리다', '목이 빠지게 기다리다'도 비슷한 뜻이지요.

함께 읽어요

〈찰리와 초콜릿 공장〉

찰리 버켓의 집 옆에는 모두가 사랑하는 웡카 초콜릿 공장이 있어요. 어느 날, 공장 주인 윌리 웡카가 초콜릿에 숨겨 둔 황금 티켓을 찾는 다섯 명을 공장으로 초대해 초콜릿 제작 비밀을 알려 준다고 선언해요. 사람들은 황금 티켓을 갖기 위해 초콜릿을 계속 사 먹었지요. 하지만 찰리는 가난해서 초콜릿을 일 년에 딱 한 번, 자신의 생일에만 먹을 수 있었어요.

손꼽아 기다리던 생일날, 찰리는 가족에게 초콜릿을 받지만 그 안에 황금 티켓은 없었어요. 실망감에 눈 쌓인 거리를 걷던 찰리는 우연히 돈을 줍게 돼요. 그 돈으로 산 초콜릿 안에는 그토록 원하던 황금 티켓이 들어 있었죠! 마침내 공장에 들어간 찰리는 놀라운 광경에 입을 다물지 못하지요. 그런데 찰리 외에 네 명의 아이들은 웡카의 공장을 돌보는 데는 관심이 없고, 자기 욕심에만 눈이 멀어 끊임없이 말썽을 일으켜요. 오직 찰리만이 초콜릿 공장을 순수한 아이의 눈으로 바라보았지요. 웡카는 찰리에게 공장을 지켜 달라고 부탁하고, 찰리는 웡카 초콜릿 공장의 새 주인이 돼요.

비슷한 속담

일각이 삼추(三秋) 같다

'일각'은 15분을 말해요. 이 짧은 시간이 세 번의 가을, 그러니까 삼 년처럼 느껴진다는 것이죠. 기다리는 마음이 그만큼 간절하다는 뜻이에요.

이를 악물다

어려운 고비를 뚫고 나가기 위해 큰 결심을 하거나 힘든 상황을 꾹 참는다는 말이에요. '입술을 깨물다', '주먹을 불끈 쥐다'도 비슷한 뜻이지요.

'올포디움'은 '모든(all)'과 '시상대(podium)'를 합친 말이에요. 한 선수가 출전한 모든 대회에서 3위 이내에 입상해서 시상대에 올랐다는 뜻이지요. 이 놀라운 기록을 달성한 선수가 바로 우리나라의 자랑스러운 피겨 퀸 김연아예요. 김연아가 세운 기록은 이뿐만이 아니에요. 세계 신기록을 열한 번이나 썼고, 여자 싱글 사상 최초로 그랜드슬램을 달성했으며, 2010년 밴쿠버 올림픽 금메달과 2014년 소치 올림픽 은메달까지 거머쥐었지요.

김연아의 이런 놀라운 성과는 그냥 이루어지지 않았어요. 김연아는 갖은 부상과 슬럼프에도 굴하지 않고, 스스로 만족할 때까지 **이를 악문 채** 연습에 매진했대요. 이러한 노력을 우리 모두가 잘 알기에, 김연아가 밴쿠버 올림픽에서 피겨 연기를 멋지게 마치고 주먹을 불끈 쥐었을 때 기쁨의 눈물을 함께 흘린 게 아닐까요?

죽기 아니면 까무러치기

'까무러치다'는 정신을 잃고 죽은 사람처럼 쓰러진 모양을 말해요. 이 관용어는 '죽거나 까무러치기밖에 더 하겠냐'는 속뜻이 담긴 말로, 죽을힘을 다해 열심히 하겠다는 강한 의지의 표현이랍니다.

코웃음을 치다

'코웃음'은 콧소리를 내거나 코끝으로 가볍게 웃는 웃음을 말하는데, 상대방을 약간 비난하는 의미가 담겨 있어요. 즉, '코웃음을 치다'는 남을 깔보거나 비웃을 때 쓰는 말이에요.

헤라클레스와 히드라

헤라클레스는 미케네의 왕 에우리스테우스에게 열두 가지 임무를 받아요. 그중에서 가장 널리 알려진 임무가 '히드라와의 싸움'이에요. 강한 독을 뿜는 아홉 개의 머리를 가진 괴물, 히드라는 머리를 아무리 잘라도 계속 자라났어요. 헤라클레스는 이를 악물고 히드라의 머리를 쉼 없이 날렸지만, 히드라는 그래 봤자 소용없다는 듯 **코웃음을 쳤지요**.

긴 싸움에 지쳐 갈 무렵, 헤라클레스는 마침내 히드라의 약점을 알아냈어요. 헤라클레스가 알려 준 대로 조카 이올라오스가 히드라의 잘린 목을 불로 지지자, 그제서야 히드라의 목이 다시 자라나지 않았지요. 그런데 아! 한가운데에 있는 머리는 절대 죽지 않는 불멸이었어요. 헤라클레스는 바위산을 들어 올려 히드라의 머리를 향해 정확히 던졌지요. 히드라는 더 이상 움직이지 못했어요. 이로써 헤라클레스는 히드라는 완벽하게 물리치고 임무를 마칠 수 있었어요.

업신여기다

평소 잘난 체가 심하고 건방진 사람이 남을 얕잡아 보거나 하찮게 여기는 것을 말해요.

숨은 관용어 찾기
③ 국립 공원

주말을 맞아 많은 사람들이 산에 올랐어요. 상쾌한 공기와 멋진 경관을 즐기는 사람들 얼굴에 웃음이 가득해요. 그림 속에 숨은 관용어를 찾아보세요!

1. 가슴에 새기다
2. 가슴을 펴다
3. 눈에 불을 켜다
4. 머리를 쥐어짜다
5. 발 벗고 나서다
6. 밤낮을 가리지 않다
7. 뿌리 뽑다
8. 손꼽아 기다리다
9. 이를 악물다
10. 코웃음을 치다

➡ 정답은 154쪽에 있어요.

4장

서로의 관계가 드러나는 말

가려운 곳을 긁어 주다

몸이 가려운데 누군가 귀신같이 알아채고 긁어 준다면 무척 시원하겠지요? 이처럼 '가려운 곳을 긁어 주다'는 상대방이 나에게 꼭 필요한 것을 알아서 해 주는 것을 의미해요.

칠 년에 걸쳐 이어진 임진왜란이 끝났지만, 조선은 성한 곳이 없었어요. 궁궐과 집, 농경지가 불타 엉망이 되었고 사람들은 굶주림과 온갖 질병에 시달렸지요.

선조의 뒤를 이어 왕이 된 광해군은 무너진 조선을 위해 많은 노력을 기울였어요. 특히 '대동법'을 실시해 세금 때문에 힘들어하는 백성들의 **가려운 곳을 긁어 주었지요**. 당시 백성들은 각 지역마다 정해진 특산물을 세금으로 바쳐야 했어요. 하지만 흉년이라도 들면 특산물을 구하기 어려웠어요. 그렇다고 세금을 안 내면 큰 벌을 받았기 때문에, 백성들은 울며 겨자 먹기로 중간 상인들한테 원래 가격보다 비싸게 물건을 사서 세금을 낼 수밖에 없었지요. 이 문제를 해결하기 위해 광해군은 특산물 대신 쌀이나 베, 무명으로 세금을 내게 했어요. 이 획기적인 세금 제도가 바로 '대동법'이에요. 덕분에 백성들의 세금 부담이 크게 줄어들었답니다.

척하면 착이다
아주 작은 암시만 넌지시 알려 줘도 바로 이해한다는 뜻이에요.

척하면 삼천리
상대방의 의도나 마음을 금방 알아채는 것을 표현한 말이에요.

간이라도 빼어 줄 듯

생명이나 다름없는 간을 다른 사람에게 주긴 어렵지요. 즉, 상대방에게 잘 보이려고 아주 중요한 것도 아낌없이 줄 것처럼 알랑거린다는 뜻이에요.

〈여우와 까마귀〉

까마귀가 맛있는 치즈를 부리에 문 채 높은 나뭇가지에 앉아 있었어요. 때마침 지나가던 여우가 까마귀를 보고는 가까이 다가가 이렇게 말했지요.

"오! 아름다운 까마귀시여. 깃털이 매우 우아하고 윤기가 흐르는군요. 당신은 목소리도 분명 깃털만큼 아름답겠지요?"

여우는 **간이라도 빼어 줄 듯** 까마귀를 추켜세웠어요. 칭찬을 들은 까마귀는 우쭐한 마음이 들었지요. 여우에게 자신의 멋진 목소리를 뽐내고 싶었어요. 까마귀는 노래를 부르기 위해 부리를 쫙 벌렸어요. 그 순간, 물고 있던 치즈가 땅으로 툭 떨어지고 말았지요! 여우는 치즈를 잽싸게 가로챈 뒤 까마귀에게 이렇게 말했어요.

"오, 당신은 정말 아름답지만 그리 영리하지는 않군요."

비위를 맞추다

'비위'는 다양한 뜻을 가진 낱말이에요. 어떤 음식을 먹고 싶은 마음을 의미하기도 하고, 무언가를 좋아하거나 싫어하는 취향을 뜻하기도 해요. '비위를 맞추다'는 내 상황은 고려하지 않고, 다른 사람의 기분을 무조건 맞춰 줄 때 쓰는 표현이에요.

꼬리를 내리다

이런 뜻이에요

꼬리를 보면 동물의 심리를 알 수 있죠. 꼬리가 아래로 내려가 있으면 상대에게 겁을 먹고 두려움을 느끼는 상태일 수 있어요. '꼬리를 내리다'는 이처럼 다른 사람에게 기가 눌려 움츠러들거나 슬금슬금 피할 때 쓰는 말이에요.

함께 읽어요

친구와 함께 만원 엘리베이터에 탔어요. 그때 뿡! 큰 소리와 함께 방귀 냄새가 엘리베이터 안을 가득 채웠지요. 이 좁은 공간에서 방귀를 뀌다니 짜증이 확 났어요. 사람들도 모두 얼굴을 찌푸렸지요.
나는 용기를 내어 빽 소리쳤어요.
"아! 냄새. 너무하네."
바로 그때 '깨톡!' 알림이 울렸어요. 나는 코를 움켜쥐고 얼굴을 찡그린 채 핸드폰을 열었어요.
'내가 그랬어. 제발 조용히 좀 해!'
알고 보니, 친구가 범인이었어요. 친구는 얼굴이 빨개진 채 고개를 푹 숙이고 나한테 문자를 보낸 거예요. 그 순간, 다른 사람이 실수한 줄 알고 떽떽거린 내 행동이 부끄러워졌어요. 나는 조용히 **꼬리를 내리고** 마치 내가 방귀를 뀐 것처럼 재빨리 엘리베이터에서 내렸어요.

비슷한 속담

고양이 앞에 쥐

무서운 사람 앞에서 설설 기면서 꼼짝 못 한다는 뜻이에요. 여기서 '설설 기다'도 관용적 표현이랍니다. 남 앞에서 기가 죽어 맘대로 행동하지 못하고 순종하는 태도를 말해요.

꽁무니를 따라다니다

이런 뜻이에요

'꽁무니'는 엉덩이 부분이 있는 몸의 뒤쪽, 사물의 맨 뒤나 맨 끝을 뜻해요. '꽁무니를 따라다니다'는 어떤 목적이나 이익을 바라면서 상대방을 바싹 따라다니는 모습을 표현한 말이에요.

함께 읽어요

아폴론과 다프네

태양의 신 아폴론은 활을 매우 잘 쏘았어요. 사랑의 신 에로스가 들고 다니는 조그만 화살은 자신의 활에 비해 굉장히 우스워 보였죠.

"나는 내 화살로 아주 큰 독뱀을 쓰러뜨렸어. 네 화살이 사랑을 불러올지는 모르겠지만 너무 작아서 괴물은 절대 물리칠 수 없겠어."

그 말에 화가 난 에로스는 아폴론에게 사랑의 화살을 쏘았고, 요정 다프네에게는 미움의 화살을 쏘았어요. 그때부터 아폴론은 첫눈에 반한 다프네의 **꽁무니를 졸졸 따라다녔지요**. 반면 다프네는 아폴론이 미워서 계속 도망쳤어요. 참다 못한 다프네는 강의 신인 아버지에게 아폴론이 자신을 알아보지 못하게 월계수로 바꾸어 달라고 애원하지요. 다프네는 아폴론에게 잡히자마자 정말로 월계수로 변했어요. 아폴론은 울면서 이렇게 맹세했지요.

"다프네, 당신의 푸른 잎으로 왕관을 만들어 내 머리를 장식하겠소."

이때부터 월계수는 청춘과 영광을 상징하는 나무가 되었답니다.

비슷한 관용어

줄을 타다

나에게 도움이 될 만한 사람, 힘을 가진 사람과 긴밀한 관계를 맺고 이를 이용해 이득을 얻는다는 뜻이에요.

눈에 넣어도 아프지 않다

이런 뜻이에요

눈에 작은 티끌이라도 들어가면 무척 따가워요. 그러니까 '눈에 넣어도 아프지 않다'는 것은 그만큼 상대방을 매우 사랑하고 소중하게 여긴다는 뜻이지요. 비슷한 관용어로 '둘도 없다', '죽고 못 살다'가 있어요.

함께 읽어요

〈겨울왕국〉

아렌델 왕국의 공주 엘사는 손에 닿는 모든 것을 꽁꽁 얼리는 힘을 가지고 있었어요. 그런데 이 마법의 힘 때문에 동생 안나를 다치게 하는 일이 벌어져요. 깜짝 놀란 부모님은 **눈에 넣어도 아프지 않은** 자식이지만, 엘사의 비밀을 숨기기 위해 방에 가두지요.

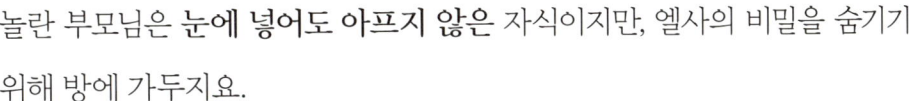

그러던 어느 날, 부모님이 사고로 죽으면서 엘사가 여왕의 자리에 올라요. 그런데 안나가 대관식에서 처음 만난 이웃 나라 왕자와 결혼하겠다고 고집을 부려요. 엘사는 자기도 모르게 마법을 사용하고 이로 인해 궁전 전체가 얼음으로 뒤덮이죠. 엘사는 자신의 힘을 저주하며 왕국을 떠나고, 안나는 그런 언니를 되찾기 위해 얼음 장수 크리스토프와 함께 모험을 떠나요. 우여곡절 끝에 언니를 찾은 안나는 언니에 대한 변함없는 사랑으로 얼어 있던 엘사의 심장을 따뜻하게 녹이죠. 가족의 깊은 사랑을 깨달은 엘사는 마침내 새 삶을 찾고 왕국에도 봄이 찾아와요.

비슷한 속담

금이야 옥이야

사람이나 사물을 금이나 옥처럼 매우 귀중히 여긴다는 뜻이에요.

떡 주무르듯 하다

**이런 뜻이에요**

떡은 말랑말랑해서 만지는 대로 모양이 쉽게 변하지요. 그래서 어떤 일이나 사람을 하고 싶은 대로 마음대로 다룰 때 '떡 주무르듯 하다'라고 말해요.

**함께 읽어요**

〈소공녀〉

세라 크루는 아버지의 손에 이끌려 영국 사립 학교에 다니게 돼요. 교장은 부잣집 딸인 세라에게 특혜를 주며 공주처럼 대접해 주었지요. 그런데 세라의 아버지가 다이아몬드 광산 사업에 실패하고 열병으로 죽었다는 소식이 학교로 전해지자, 교장의 태도가 백팔십도로 달라져요. 세라에게 학교의 온갖 허드렛일과 부엌일을 시켰고, 월급도 주지 않으면서 보조 교사 일까지 맡겼어요. 교장은 세라를 자기 마음대로 **떡 주무르듯이** 부려 먹었지요. 그러나 착하고 밝은 세라는 고달픈 생활을 묵묵히 견뎌요. 그러는 사이 하녀 베키와 둘도 없는 친구가 되지요.

그러던 어느 날, 세라는 아버지의 사업 동료였던 캐리스퍼드 씨를 우여곡절 끝에 만나요. 캐리스퍼드 씨는 광산에서 다이아몬드를 발견해 큰돈을 벌었고, 죽은 친구의 딸인 세라를 애타고 찾고 있었지요. 아버지 몫의 재산을 물려받아 다시 부자가 된 세라는 베키와 함께 새 삶을 시작해요. 그리고 가난한 사람들을 도우며 살겠다고 다짐하지요.

**비슷한 우리말**

쥐락펴락하다

'쥐락펴락'은 남을 자기 손아귀에 넣고 마음대로 부리는 모양을 말해요. '쥐고 흔들다'도 같은 뜻이에요.

물로 보다

이런 뜻이에요

물은 빛깔이 투명하고 냄새도 맛도 없어요. 이처럼 있는 듯 없는 듯 존재감이 약한 '물'로 본다는 것은, 상대방을 하찮게 보거나 쉽게 생각한다는 뜻이에요.

함께 읽어요

<바람과 해>

바람과 해는 만나기만 하면 티격태격 다투었어요. 바람은 자신이 가장 힘이 세다고 뻐기며, 세상 모든 것을 **물로 봤지요.**

"그럼 누가 더 힘이 센지 내기할까? 저기 걸어오는 남자 보이지? 남자의 외투를 먼저 벗기면 이기는 걸로 하자."

해의 제안에 바람은 고개를 끄덕인 뒤, 남자를 향해 차가운 바람을 후우욱 불었어요. 하지만 남자는 거센 바람이 불어오자 더더욱 외투를 꽉 잡고 놓지 않았지요. 이 모습을 본 해가 자신만만한 얼굴로 나섰어요.

"겨우 그 정도 가지고 큰소리친 거야? 내가 하는 걸 잘 봐."

해가 뜨거운 햇살을 내리쬐자, 남자가 이마의 땀을 훔치며 말했어요.

"아까는 바람이 그렇게 불더니 갑자기 왜 이렇게 덥지?"

남자는 외투를 벗고 나무 그늘 아래에 앉았지요. 바람은 그제서야 콧대가 꺾여 해 앞에 고개를 숙였답니다.

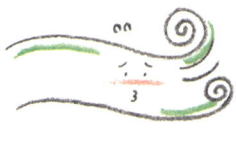

비슷한 고사성어

백안시 (白: 흰 백, 眼: 눈 안, 視: 볼 시)

다른 사람을 무시하며 흘겨보는 것을 말해요. 중국 진나라에 완적이라는 선비가 살았는데, 반갑지 않은 손님은 흰자위로만 째려보는 '백안'으로 대했다는 데에서 유래했어요.

죽이 맞다

이런 뜻이에요

'죽'은 옷이나 그릇을 묶어 세는 단위예요. 옷이 열 벌이면 한 죽, 그릇이 스무 개면 두 죽이에요. 남는 것 없이 열 개 단위로 딱 맞춰지면 '죽이 맞다'라고 했는데, 이것이 '서로 마음이 통하거나 뜻이 잘 맞다'는 의미로 확대됐어요.

함께 읽어요

조선의 과학 기술자 장영실은 자격루, 측우기, 혼천의 등을 만들어 조선의 과학 기술 발전에 큰 공을 세웠어요. 그런데 장영실은 원래 천민 출신으로 관직에 나갈 수 없는 인물이었지요. 그런 장영실이 어떻게 역사에 길이 남는 훌륭한 과학자가 될 수 있었을까요? 바로 장영실의 재능을 높이 산 세종의 무한한 신뢰 덕분이었어요. 둘은 신분도 나이도 달랐지만, 삶을 편리하게 해 주는 과학 기술에 관심이 많았어요. 이 부분에서만큼은 **죽이 잘 맞았던** 것이지요. 두 사람은 함께 생각을 나누고 가르침을 주고받으면서 여러 과학 기구들을 발명하게 돼요. 세종은 신분의 귀함과 천함을 따지지 않고, 마음이 잘 통하고 뜻이 잘 맞는 장영실에게 벼슬을 주고 몹시 아꼈다고 해요.

반대 관용어

물과 기름

서로 섞이지 않는 물과 기름처럼 잘 어울리지 못하고 사이가 좋지 않을 때 '물과 기름' 같은 사이라고 말해요.

비슷한 관용어

장단이 맞다

사물놀이에서 장구, 북, 징, 꽹과리가 잘 어우러질 때 '장단이 맞다'라고 말해요. 네 개의 악기가 모여 멋진 가락이 연주되는 것처럼, 같이 일할 때 조화로운 사람들을 가리켜 '장단이 잘 맞는다'고 하지요.

코가 꿰이다

'코뚜레'는 소의 콧구멍 사이를 뚫어 끼우는 나무 고리예요. 코뚜레에 고삐를 매어 잡아당기면 아프기 때문에 소가 고분고분 순종하게 되어서 소를 편하게 다룰 수 있지요. 이처럼 '코가 꿰이다'는 상대방에게 약점을 잡힌 상황을 가리켜요.

〈악마의 선물〉

악마가 포도나무를 정성스레 심고 있는 남자에게 다가가 물었어요.

"왜 그렇게 공들여 나무를 심나요?"

"포도나무 열매가 달고 맛있거든요. 특히 열매즙을 마시면 기분이 좋아요."

"그럼 나도 당신을 도와 함께 나무를 심어도 될까요?"

남자는 악마가 도와주겠다고 하자 **코가 꿰인** 줄도 모르고 엄청 기뻐했어요. 악마는 양, 원숭이, 사자, 돼지를 차례로 죽여 포도나무의 거름으로 뿌렸지요. 덕분에 포도나무에 탐스러운 열매가 가득 열렸어요. 이 열매로 탄생한 술이 바로 '포도주'예요. 포도주를 마시면 처음에는 양처럼 순하지만, 이내 원숭이처럼 우스꽝스러운 행동을 해요. 그리고 사자처럼 사나워지고 마침내 바닥에 뒹굴면서 돼지처럼 추해져요. 그래서 '술'은 악마가 인간에게 내린 선물이라고 불린답니다.

독 안에 든 쥐

작은 쥐가 깊은 독에 빠졌다면 옴짝달싹할 수 없겠지요? 이처럼 궁지에 빠져 벗어날 수 없을 때 쓰는 말이에요.

한솥밥을 먹다

이런 뜻이에요

'한솥밥'은 같은 솥에서 푼 밥을 뜻해요. 그러니까 한솥밥을 먹는다는 것은 한집안 식구나 공동체에 소속되어 함께 생활하는 사이를 말해요.

함께 읽어요

로마 제국의 일인자 카이사르가 죽자 옥타비아누스, 안토니우스, 레피두스가 로마를 나누어 다스렸어요. 하지만 이들의 관계는 오래가지 못했지요. 여러모로 힘이 약했던 레피두스가 물러난 뒤 옥타비아누스가 안토니우스를 누르고 악티움 해전에서 승리하면서 명실상부한 로마의 황제로 등극했어요. 그런데 재미있는 사실이 있어요. 옥타비아누스는 자신의 운명을 바꾼 악티움 해전을 직접 지휘하지 않았어요. 옥타비아누스가 아끼던 부하 아그리파 사령관이 악티움 해전을 승리로 이끌었지요. 사실 아그리파는 옥타비아누스와 어린 시절부터 **한솥밥을 먹은** 친구이기도 했어요. 옥타비아누스의 둘도 없는 친구이자 훌륭한 군사령관이었던 아그리파는 옥타비아누스를 지중해 최고의 권력자로 만들어 주었답니다.

비슷한 관용어

한배를 타다

같은 배를 타고 있으면 중간에 내릴 수 없어요. 태풍을 만나도 함께 어려움을 이겨 내야 하지요. 즉, 이 말은 '운명을 같이하다', '처지가 같다'는 의미로 쓰여요.

숨은 관용어 찾기
④ 카페

이곳은 향긋한 커피, 맛있는 디저트를 파는 카페예요. 그림 속에 꼭꼭 숨은 관용어를 찾아보세요!

1. 가려운 곳을 긁어 주다
2. 간이라도 빼어 줄 듯
3. 꼬리를 내리다
4. 꽁무니를 따라다니다
5. 눈에 넣어도 아프지 않다
6. 떡 주무르듯 하다
7. 물로 보다
8. 죽이 맞다
9. 코가 꿰이다
10. 한솥밥을 먹다

➡ 정답은 155쪽에 있어요.

5장

상황과 상태를
보여 주는 말

깨가 쏟아지다

깨가 사르륵 쏟아지는 걸 보면 두 사람이 알콩달콩 이야기하는 모습이 떠오르지 않나요? '깨가 쏟아지다'는 사이가 매우 좋아서 즐겁게 잘 지낸다는 뜻이에요. 보통 신혼부부나 사랑하는 남녀 사이를 가리킬 때 써요.

우라노스 신화

태초의 세상은 모든 것이 혼란스러운 '카오스' 상태였어요. 이 카오스가 쩍 갈라지면서 대지의 여신 가이아가 태어났고, 가이아는 하늘의 신 우라노스와 결혼하죠. **깨가 쏟아졌던** 가이아와 우라노스는 열두 명의 자식을 낳았는데, 모두 엄청나게 몸집이 큰 거인으로 자라서 '티탄(거인족)'이라 불렸어요. 가이아는 그 뒤로 외눈박이 거인 키클롭스와 팔이 백 개 달린 거인 헤카톤케이르 형제들을 낳았어요. 하지만 우라노스는 이 자식들을 흉측한 괴물로 여겨 땅속 깊은 곳에 가두었지요. 그러자 화가 난 가이아는 아들 크로노스를 시켜 우라노스를 공격해요. 그 결과 신의 자리에서 물러나게 된 우라노스는 훗날 '하늘의 신'이라는 상징성 때문에 태양계 행성 중 세 번째로 큰 천왕성(Uranus)의 이름이 된답니다.

금슬지락 (琴: 거문고 금, 瑟: 큰 거문고 슬, 之: 갈 지, 樂: 즐길 락)

'금실'의 본딧말인 '금슬'은 거문고와 비파를 뜻해요. 금슬지락은 '거문고와 비파의 즐거운 화음'이라는 뜻으로, 다정한 부부 사이를 나타내는 말이지요. 그래서 보통 깨가 쏟아지는 부부에게 '금슬이 좋다'라고 말해요.

머리털이 곤두서다

늦은 밤, 집에 혼자 있을 때 갑자기 쿵 소리가 들리면 무서운 기분이 들어요. 이렇게 큰 두려움을 느낄 때 머리카락이 쭈뼛 일어서지요. '머리털이 곤두서다'는 너무 무서워서 신경이 날카로워진 상태를 표현하는 말이에요.

수업 중 갑자기 비가 추적추적 내리기 시작했어요. 번개와 천둥까지 치자 낮인데도 밤처럼 어두컴컴해졌어요. 그러자 아이들이 선생님에게 무서운 이야기를 해 달라고 졸랐어요. 선생님은 빙긋이 웃더니 불까지 끄고 목소리를 한껏 낮추어 이야기를 시작했지요. 어떤 친구들은 무서워서 귀를 막기도 하고 교실 밖에 나가 있으면 안 되냐고 울상을 짓기도 했어요. 하지만 대부분의 친구들은 선생님 이야기에 귀를 쫑긋 세우고 푹 빠져들었지요.

"노인이 커다란 항아리에 손을 집어넣었는데……. 그때였어!!"

선생님의 외침과 동시에 교실 전체가 감전된 듯 번쩍 번개가 치더니, 곧바로 우르르 쾅쾅! 천둥이 쳤어요.

"꺄아악!!!!"

천둥소리에 친구들은 물론 선생님까지 **머리털이 곤두설** 정도로 깜짝 놀라서 비명을 질렀어요. 그러다 곧 서로를 쳐다보며 하하, 깔깔 웃었지요.

등골이 서늘하다

'등골'은 등 한가운데에 길게 고랑이 진 곳이에요. 등이 차가워진다는 의미인데, 실제로는 두려움으로 인해 온몸에 소름이 돋거나 오싹해지는 상태를 말한답니다.

발 디딜 틈이 없다

이런 뜻이에요

사람이나 물건이 매우 많아서 어수선하거나 혼잡한 상황을 나타내는 말이에요.

함께 읽어요

<비싼 값에 오리 팔기>

전쟁이 오래 이어지자 나라에 먹을 것이 부족해졌어요. 돈이 있어도 식량을 구하기 어려웠지요. 나라에서는 물가를 잡기 위해 먹을거리를 거래하는 것도 금지했어요. 그런데 한 유대인이 오리 한 마리와 은화 스무 개를 교환해서 큰돈을 벌고 있었어요. 유대인의 집은 오리와 은화를 바꾸려는 사람들로 **발 디딜 틈이 없었지요**. 이를 본 이웃집 남자는 자신도 신문에 오리를 판다고 광고를 냈어요. 이제 큰돈을 벌 수 있을 거라고 들떠 있던 그때, 손님보다 경찰이 먼저 들이닥쳐서 오리를 몽땅 빼앗아 갔어요. 남자는 크게 실망해서 유대인을 찾아가 물었지요.

"당신은 어떻게 오리를 판 거죠? 전 경찰한테 오리를 다 뺏겼어요."

그러자 유대인은 이렇게 대답했어요.

"저는 광고에 오리를 판다고 하지 않았어요. 그저 '교회에서 은화 스무 개를 잃어버렸습니다. 돈을 찾아 주시면 사례로 오리 한 마리를 드리겠습니다.'라고만 썼지요."

반대 관용어

파리 날리다

'파리 날리다'는 손을 휙 저어서 파리를 쫓는 모습을 표현한 말이에요. 즉, 가게에 손님이 없어서 한가하다는 뜻이지요.

발이 묶이다

이런 뜻이에요

자연재해나 교통 체증 때문에 몸을 움직일 수 없거나 어쩔 수 없이 제자리에 머무르는 상황을 비유적으로 나타내요. 비슷한 우리말로 '옴짝달싹 못 하다'가 있어요.

함께 읽어요

타이타닉호의 비극

1912년 4월 14일, 2천여 명의 손님을 태우고 북대서양을 항해하던 호화 여객선 타이타닉호 앞에 450미터의 거대한 빙하가 나타났어요. 선원들은 빙산을 피하기 위해서 필사적으로 노력했지만, 결국 배가 빙산에 부딪히면서 심각한 손상을 입었어요. 배는 한쪽으로 기울며 침몰하기 시작했고 배 안에 물이 점점 차올랐어요.

바다 한가운데에서 **발이 묶인** 승객들은 살기 위해 아우성을 쳤어요. 하지만 구명보트가 턱없이 부족해서 어린아이들과 여성, 노인을 비롯한 극소수의 사람들만이 구명보트에 옮겨 탈 수 있었지요. 결국 1,500여 명의 사람들은 침몰하는 배에 발이 묶인 채 차가운 바닷속으로 그대로 가라앉았어요. 타이타닉호 침몰은 아직도 인류 역사상 가장 비극적인 사건으로 기억되고 있답니다.

반대 고사성어

종횡무진 (縱: 세로 종, 橫: 가로 횡, 無: 없을 무, 盡: 다할 진)

'종횡'은 세로와 가로를 뜻해요. '종횡무진'은 사방으로 거칠 것 없이, 자유롭게 행동하는 모습을 가리키는 말이에요. 또한 어떤 분야에서 뛰어난 활약을 하는 사람에게도 '종횡무진한다'는 표현을 쓰지요.

달밤에 체조하다

'달밤'은 달이 밝게 비추는 깊은 밤을 말해요. 모두 곤히 자는 시간에 체조를 하다니 좀 이상하지요?
이 말은 주위 환경이나 상황에 전혀 맞지 않는 엉뚱한 행동을 할 때 핀잔하는 말이에요.

〈마을의 파수꾼〉

깊은 밤, 위대한 랍비가 한 마을을 시찰하기 위해 찾아왔어요.
"마을을 지키는 사람을 불러 주시오. 마을의 상황을 듣고 싶군요."
그러자 경찰서장이 달려와 마을의 치안 상태를 열심히 설명했어요. 하지만 랍비는 고개를 가로저었어요.
"나는 당신이 아니라 이 마을을 지키는 사람을 만나고 싶소."
이번에는 마을의 군대를 이끄는 장군이 달려왔지요. 그러나 랍비는 이번에도 당황한 표정을 지었어요. 이를 본 경찰서장과 장군은 몹시 불쾌했어요.
"아니, 마을을 지키는 사람이 우리 말고 누가 있단 말입니까. 우리를 찾는다기에 자다 말고 부리나케 뛰어왔는데, **달밤에 체조하는** 것도 아니고……."
그러자 랍비가 말했어요.
"내가 만나려는 사람은 학교 선생님입니다. 마을을 지키는 진정한 파수꾼은 바로 교육자라고 할 수 있으니까요."

자다가 봉창 두드린다

새벽에 남의 집 봉창(여닫지 못하게 만든 창문)을 두들겨 깨운다는 말이에요. 어떤 상황과 전혀 관계없는 딴소리를 불쑥 할 때 이런 표현을 써요.

불똥이 튀다

이런 뜻이에요

모닥불에서 타닥거리며 불똥이 튀면 깜짝 놀라서 얼른 피할 거예요. 불똥은 불행이나 사고를 의미하는 낱말로, '불똥이 튀다'는 어려운 일이나 재난을 당했을 때 쓰는 표현이에요.

함께 읽어요

'삼족(三族)을 멸하다'라는 말을 아나요? '삼족'은 아버지와 어머니, 아내의 친척까지 통틀어 가리키는 말이에요. 그러니까 자신과 가까운 모든 사람을 없앤다는 뜻이지요. 이처럼 한 사람에게만 벌을 내리는 것이 아니라 죄인의 가족과 친척에게까지 벌을 내리는 제도를 '연좌제'라고 해요. 과거에는 왕에게 반란을 일으켰다가 실패할 경우, 연좌제가 적용되어 죄인의 일가친척에게까지 **불똥이 튀어** 큰 벌을 받았지요.

조선 제6대 왕 단종은 어린 나이에 왕위에 오르지만 삼촌인 수양대군(세조)이 쿠데타를 일으켜 왕의 자리를 빼앗아요. 이후 단종은 유배를 당하고, 그곳에서 사약을 받아 결국 세상을 등지지요. 세조는 야속하게 "단종의 시신에 손을 대는 자는 삼족을 멸하겠다!"는 엄명을 내려요. 백성들은 단종의 죽음에 가슴 아파할 뿐 아무도 시신을 거두지 못했지요. 이때 엄흥도라는 충신이 그 말에 굴하지 않고, 단종의 시신을 거두어 장례를 치러 주었다고 해요.

비슷한 속담

마른하늘에 날벼락

'날벼락'은 느닷없이 치는 벼락을 일컬어요. 맑은 하늘에 갑자기 벼락이 치는 것처럼, 예상하지 못한 어려움이나 불행이 닥쳤을 때 쓰는 말이에요.

숲을 이루다

이런 뜻이에요

많은 것이 빽빽이 들어서 있는 모습을 가리키는 말이에요. 여러 작은 요소들이 모여 하나의 큰 결과나 상태를 이룰 때도 이 말을 써요.

함께 읽어요

생물의 터전인 숲이 점점 사라지고 있어요. 다양한 이유가 있지만, 숲을 없앤 뒤 그곳의 땅을 활용해 돈을 벌려는 인간의 욕심이 가장 큰 문제예요. 아름드리 나무와 울창한 숲이 있던 자리는 공장, 빌딩, 아파트가 빽빽이 들어서 또 다른 의미의 **숲을 이루고** 있지요. 그리고 먹거리를 생산하기 위해 인간은 아무렇지 않게 숲을 밀어 버리고 그곳에 농지, 과수원, 밭, 가축의 사료를 재배하기 위한 목초지를 끊임없이 만들고 있어요. 하지만 이렇게 나무와 숲이 사라지면 그 피해는 고스란히 인간에게 돌아와요. 우리에게 맑은 공기와 깨끗한 물을 제공하고, 생물의 다양성을 품고 있는 숲을 보호하기 위해 함께 노력하면 좋겠어요.

비슷한 속담

쇠털같이 많다

소의 털을 '쇠털'이라고 해요. '쇠털같이 많다'는 그 수가 셀 수 없을 정도로 아주 많다는 뜻이에요. 헤아릴 수 없이 많은 나날을 '쇠털 같은 날'이라고도 하지요.

비슷한 한자어

밀집 (密: 빽빽할 밀, 集: 모을 집)

빈틈없이 빽빽하게 모인 것을 말해요.

죽을 쑤다

이런 뜻이에요

밥을 지을 때 물의 양이 많거나 잘못 조리하면 죽이 되는 경우가 있어요. 이처럼 어떤 일이 뜻대로 안 될 때 '죽'에 비유해요. '죽을 쑤다'는 일이 잘못되어 망치거나 실패하는 상황을 나타내는 말이에요.

함께 읽어요

항우와 유방

중국 진시황제가 죽자, 진나라에 반대하던 세력들이 여기저기서 반란을 일으켰어요. 그들 중 초나라의 항우가 전투마다 큰 승리를 거두었지요. 하지만 점령 지역을 불태우고, 백성들을 많이 괴롭혀서 항우를 싫어하는 적이 많았어요. 반면 항우와 같은 무리였던 유방은 전투에서는 늘 **죽을 쑤었지만** 사람들의 말을 잘 경청하고, 점령 지역 백성들을 따뜻하게 품어 주었지요. 그래서 유방은 항우와 달리 가는 곳마다 환영을 받았고, 유방 밑으로 많은 인재들이 모이면서 세력이 점점 커졌어요.

이렇게 힘을 키운 유방은 항우와 전쟁을 시작했어요. 그동안 자신의 힘만 믿고 장수들을 무시한 항우는 부하들이 하나둘 떠나면서 큰 위기를 맞아요. 유방은 이 틈을 놓치지 않고 항우를 궁지에 몰아 승리를 거두고, 마침내 한나라를 세우게 된답니다.

비슷한 관용어

쪽박을 깨다

'쪽박'은 박의 열매 껍질을 말려서 만든 바가지예요. 예전에 거지들이 쪽박에다 밥을 얻어먹었지요. 그런데 쪽박이 깨지면 더는 구걸할 수 없겠지요? 그러니까 '쪽박을 깨다'는 일을 망쳤다는 뜻이에요.

파김치가 되다

이런 뜻이에요

파는 땅에서 자랄 때는 파릇파릇해요. 그런데 김치로 담그면 양념이 잦아들면서 풀이 죽지요. 이렇게 파가 변하는 모습에 빗대어 지치고 피곤한 상태를 말할 때 '파김치가 되었다'는 표현을 써요.

함께 읽어요

〈플랜더스의 개〉

네로는 플랜더스의 작은 마을에서 할아버지와 늙은 개 파트라슈와 함께 살았어요. 그림에 소질이 있는 네로는 성당의 두꺼운 커튼 뒤에 가려진 루벤스의 그림을 보는 것이 소원이었지요. 하지만 그림을 보려면 돈을 내야 해서 가난한 네로에게는 그림의 떡이었어요.

네로는 같은 마을에 사는 알루아를 좋아했는데, 알루아의 아버지는 가난한 네로를 못마땅해했어요. 그러던 어느 날 알루아네 방앗간에서 불이 나자 알루아의 아버지는 네로에게 그 죄를 덮어씌워요. 마을 사람들도 알루아 아버지의 편을 들며 네로를 냉랭하게 대하지요. 그때 할아버지마저 돌아가시고 집세도 못 내는 신세가 된 네로는 집에서 쫓겨나 추운 거리를 헤매게 돼요. 크리마스마스 전날 밤, 네로는 **파김치가 된** 몸을 이끌고 그토록 보고 싶어 하던 성당 안 루벤스의 그림 아래에서 파트라슈를 껴안고 조용히 숨을 거둬요.

비슷한 고사성어

기진맥진 (氣: 기운 기, 盡: 다할 진, 脈: 맥 맥, 盡: 다할 진)

기운과 맥이 다했다는 뜻이에요. 힘이 다 떨어져서 스스로 움직이지 못하는 상태를 의미해요.

하늘이 노래지다

이런 뜻이에요

크게 놀라거나 매우 슬픈 일을 겪으면 뇌로 가는 혈관이 좁아져 세상이 노랗게 보일 수 있대요. 그래서 큰 충격을 받거나 견디기 힘든 일로 정신이 아찔할 때 '하늘이 노래지다'라는 표현을 써요.

함께 읽어요

〈해리 포터와 마법사의 돌〉

일찍 부모님을 여읜 해리 포터는 이모 집에 얹혀살며 갖은 구박을 받았어요. 그런데 열한 살 생일을 앞둔 어느 날, 해리에게 편지 한 통이 도착해요. 바로 호그와트 마법 학교에서 보낸 입학 초대장이었지요. 그리고 거인 해그리드로부터 자신이 아기 때 어둠의 마법사 볼드모트를 물리친 엄청나게 유명한 마법사라는 것도 듣게 돼요. 해리는 **하늘이 노래질** 정도로 큰 충격을 받았지요. 그러나 곧 정신을 차리고 해그리드의 제안대로 이모 집을 박차고 나와 런던의 킹스크로스역 비밀의 승강장에서 특급열차에 올라타요. 마침내 호그와트 마법 학교에 도착한 해리는 놀라운 모험을 하며 갖가지 신기한 마법들을 배우지요. 그러던 중 해리의 부모님을 죽인 볼트모트가 영원한 생명을 얻기 위해 '마법사의 돌'을 노리는 것을 알게 돼요. 과연 해리는 볼드모트로부터 마법사의 돌을 지킬 수 있을까요?

비슷한 관용어

앞이 캄캄하다

밤에 불을 끄면 캄캄해서 앞이 보이지 않아 곤혹스럽지요. 이처럼 곤경에 처했을 때 어떻게 해야 할지 몰라 아득해진 상황을 표현하는 말이에요.

숨은 관용어 찾기
⑤ 귀신의 집

"꺄아악!" 귀신의 집에서 공포 체험을 하는 사람들이 가득해요. 비명을 지르면서도 모두 즐거워 보이네요. 그림 속에 숨은 관용어를 찾아보세요!

1. 깨가 쏟아지다
2. 머리털이 곤두서다
3. 발 디딜 틈이 없다
4. 발이 묶이다
5. 달밤에 체조하다
6. 불똥이 튀다
7. 숲을 이루다
8. 죽을 쑤다
9. 파김치가 되다
10. 하늘이 노래지다

➡ 정답은 155쪽에 있어요.

이렇게 비싼 걸!
없어! 환불해!
안녕!
안녕!
안녕!
사람들이 그러는데,
초밥집이 맛집이래.
안녕!
헉! 그게
들려?
좋은 사람 소개시켜 달라면서
다 싫다고 하면 어쩌라고
야~ 말해 봐~
걔 비밀이 뭔데~?
...

6장

성격과 능력을 표현한 말

간이 크다

짠! 이번에 진짜 큰맘 먹고 장만했어. 필통 예쁘지?

우아! 고급 3단 필통. 너무 예쁘다!

게다가 그 캐릭터 완전 인기잖아. 엄청 비싸지 않아? 가격이 우리 한 달 용돈이나 마찬가지던데?

응, 맞아. 한 달 용돈을 몽땅 투자했지. 후후!

헉, 간도 크다. 너 앞으로 한 달을 어떻게 살려고 그래?

내일의 일은 내일의 나에게 맡기면 돼.

어휴. 앞날이 훤하다, 훤해!

'간'은 우리 몸의 건강을 책임지는 중요한 장기인데, 옛부터 많은 사람들이 간 속에 용기와 추진력이 있다고 여겨 왔어요. 그래서 '간이 크다'는 말은 '매우 대담하고 겁이 없다'는 뜻으로 쓰여요.

리디아에 사는 아라크네는 베 짜는 솜씨가 매우 뛰어났어요. 아라크네가 만든 천을 본 사람들은 하나같이 직물의 신인 아테나 여신의 은혜를 받은 게 분명하다고 말했지요. 그러나 아라크네는 사람들의 말이 못마땅했어요. 베를 잘 짜는 것은 순전히 자신의 재능이라고 생각했거든요. 심지어 자신이 아테나보다 베를 더 잘 짠다고 뻐기기까지 했어요.

이 소문을 들은 아테나가 노파로 변신해 아라크네를 찾아왔어요. 그리고 아테나에게 사과하라고 타일렀지만 **간이 커진** 아라크네는 귓등으로 흘리면서 오히려 아테나와 베 짜기 대결을 하고 싶다고 말했지요. 아테나는 진짜 모습을 드러내며 아라크네의 도전을 받아들였어요. 곧 두 사람의 대결이 펼쳐졌고, 아라크네는 간도 크게 신들이 잘못한 행동들을 직물에 새겨 넣었어요. 이를 본 아테나는 머리끝까지 화가 나서 아라크네의 직물을 찢었지요. 그러자 수치심을 느낀 아라크네가 스스로 목숨을 끊으려 했지만, 아테나는 그마저도 허용하지 않았어요. 아테나는 아라크네를 거미로 만들어 평생 실을 짜며 살라는 저주를 내렸지요.

대담무쌍 (大: 큰 대, 膽: 쓸개 담, 無: 없을 무, 雙: 쌍 쌍)
담력이 크고 용감하여 두려움이 없는 사람을 가리킬 때 쓰는 말이에요.

귀가 밝다

아주 작은 소리도 잘 듣는다는 뜻이에요. 그리고 소식이나 정보에 빠르고 상황을 금방 알아채는 능력을 강조할 때도 이 표현을 써요.

진우는 어릴 때부터 유난히 **귀가 밝았어요**. 사람들의 말소리도 잘 듣고, 멀리서 들려오는 작은 소리까지 구별하곤 했지요.

포근한 주말, 진우네 가족은 오랜만에 뒷산을 찾았어요. 상쾌한 숲 내음을 맡으며 천천히 오르는데, 진우가 갑자기 우뚝 멈춰 서며 말했어요.

"누군가 다친 것 같아요! 도와 달라는 소리가 들려요."

평소 진우의 특별한 청력을 잘 알고 있던 부모님은 재빨리 주변을 살폈지요. 과연 진우 말대로, 조금 떨어진 샛길에서 쓰러져 있는 등산객을 발견했어요. 등산객은 발목을 붙잡은 채 몹시 괴로워하고 있었지요. 진우 부모님은 곧장 구조대에 연락했고, 등산객은 무사히 구조되었어요.

"진우야, 너의 특별한 귀 덕분에 큰 사고를 막았어. 정말 대견하다."

부모님의 칭찬에 진우 얼굴이 발그레해졌어요. 어려움에 빠진 사람에게 작은 도움을 줄 수 있어서 진우도 기분이 정말 좋았답니다.

귀가 어둡다

소리를 잘 듣지 못하거나 새로운 정보에 둔감하다는 뜻이에요.

말귀를 못 알아듣다

'말귀'는 '말이 뜻하는 내용'이에요. 남의 말을 제대로 이해하지 못하는 것을 의미해요.

눈이 높다

이런 뜻이에요

물건 하나를 사더라도 까다롭게 고르는 사람이 있어요. 이런 사람을 보고 '눈이 높다'고 말해요. 고급스러운 취향이나 까다로운 기준을 가진 사람에게 사용하는 표현이지요. 그리고 '필요 이상으로 좋은 것, 너무 완벽한 것만 찾는다'는 부정적인 의미로도 쓰여요.

함께 읽어요

한 아이가 학교에서 친구의 글자판을 훔쳐 집으로 가져왔어요. 이를 본 어머니는 아이를 혼내기보다 칭찬을 많이 해 줘야 한다는 격언을 떠올렸지요.
"네가 원하는 것을 얻기 위해 수단과 방법을 가리지 않았구나. 훌륭하다!"
어머니는 이렇게 말하며 미소를 지었어요. 그때부터 아이는 물건을 더 많이 훔치기 시작했어요. 그리고 청년이 되자 **눈이 높아져** 값비싼 물건만 골라 훔치는 지경이 되었지요. 결국 청년은 경찰에 붙잡혀 재판정에 섰어요. 재판이 끝나 갈 무렵, 청년은 어머니에게 할 말이 있다며 기회를 달라고 간청했지요. 재판장이 허락하자, 청년이 어머니에게 다가가 속삭일 것처럼 머리를 숙였지요. 그런데 다음 순간, 어머니가 비명을 질렀어요. 청년이 어머니의 귀를 세게 물었던 거예요. 청년은 어머니를 원망스럽게 바라보며 말했어요.
"글자판을 훔쳤을 때 절 혼내셨다면, 저는 지금 이 재판정에 없었을 겁니다."

비슷한 속담

까다롭기는 옹생원 똥구멍이라

옹생원은 마음이 옹졸하고 좁은 사람을 비꼬는 말이에요. 그런 사람은 똥구멍도 아주 별날 것이라는 우스갯소리로, 유별나게 까다로운 사람을 가리키는 표현이지요.

돗자리를 깔다

점쟁이가 돗자리를 깔고 다른 사람의 사주를 봐 주는 모습에서 생겨난 말이에요. '돗자리를 깔다'는 점쟁이거나 점쟁이만큼 앞날의 일을 잘 맞히는 사람에게 이 표현을 써요.

〈운명적인 사랑〉

솔로몬 왕은 아름다운 딸이 멋지고 능력 있는 남자와 결혼하기를 늘 바랐어요. 그러던 어느 날, 솔로몬 왕이 깜빡 잠이 들었는데 딸이 추레한 사람과 사랑을 속삭이는 꿈을 꾸었어요. 사실 솔로몬 왕은 마치 **돗자리를 깐** 것처럼 꿈이 현실이 될 때가 많았어요. 그래서 딸을 궁에서 멀리 떨어진 작은 성에 가두었지요. 그사이 솔로몬 왕은 갖은 방법을 동원해 딸의 신랑감을 계속 찾았어요.

한편, 한 남자가 황무지를 헤매다가 지친 나머지 땅에 떨어진 사자 가죽을 덮고 그대로 잠들었어요. 저 멀리 하늘에서 이 모습을 본 독수리는 남자가 맛있는 먹잇감인 줄 알고 낚아챘지만, 사자 가죽이라는 것을 깨닫고 발톱에서 곧장 놓아 버려요. 남자가 떨어진 곳은 바로 공주가 갇혀 있던 궁 안이었고, 둘은 첫눈에 사랑에 빠졌지요. 나중에 이 소식을 들은 솔로몬 왕이 한탄하며 말했어요.

"운명적인 사랑은 그 어떤 것으로도 막을 수가 없구나!"

선견지명 (先: 먼저 선, 見: 볼 견, 之: 갈 지, 明: 밝을 명)

어떤 일이 일어나기 전에 앞날을 예측하는 능력이나 지혜를 뜻해요.

물불을 가리지 않다

이런 뜻이에요

물과 불은 우리 생활에 꼭 필요하지만, 자칫 재해나 큰 위험으로 변하기도 해요. '물불을 가리지 않다'는 위험한지 따지지도 않고 마구잡이로 행동한다는 뜻이에요.

함께 읽어요

즐거운 추석 연휴, 고속도로 휴게소는 고향으로 가는 사람들로 바글바글했어요. 음식을 주문하려는 사람들의 줄도 길게 늘어졌지요. 그런데 한 여자가 줄 옆으로 오더니 그 사이로 몰래 끼어들었어요. 그러자 맨 뒤에 서 있던 남자가 씩씩거리며 꽥 소리쳤어요.

"이봐요! 지금 뭐 하는 겁니까? 사람들이 줄 서 있는 거 안 보여요?

남자는 화가 가라앉지 않는지 **물불을 가리지 않고** 고래고래 목소리를 높였어요. 그러자 새치기를 한 여자가 다가와 또박또박 말했어요.

"제가 새치기한 걸로 오해하셨나 봐요. 저는 가족들과 함께 계속 줄을 서 있다가 잠시 화장실에 다녀왔어요. 저 사람들은 제 가족이에요. 새치기한 것이 아니니 화를 푸시면 좋겠습니다."

남자는 그제야 자신이 물불 가리지 않고 화부터 벌컥 낸 것이 후회되었어요. 너무 부끄러운 나머지 얼굴까지 빨개졌지요.

비슷한 관용어

앞뒤 가리지 않다

이것저것 신중하게 생각하지 않고 무작정 행동에 옮기는 것을 말해요.

발이 넓다

아는 사람이 많아 활동하는 범위가 넓다는 의미예요. 이 표현은 여러 사람들과 활발히 교류하면서 두루두루 잘 지내는 것을 나타내요.

중국 초나라 출신의 백아는 거문고 연주 솜씨가 매우 뛰어났어요. 백아에게는 종자기라는 친구가 있었는데, 거문고 소리만 듣고도 백아의 마음을 알아채는 유일한 사람이었지요. 백아가 높은 산을 떠올리며 거문고를 웅장하게 연주하면 종자기는 "눈앞에 태산이 솟는 느낌일세."라고 했고, 물을 떠올리며 잔잔하게 연주하면 "맑은 강물이 흐르는 듯하네."라고 평했어요. **발이 넓지** 않았던 백아는 더더욱 종자기에게만 마음을 주었지요.

그러던 어느 날, 종자기가 병으로 먼저 세상을 떠났어요. 자신의 마음을 유일하게 알아주던 친구를 잃자, 백아는 하늘을 보며 한탄했어요.

"이제 이 세상에는 내 연주를 알아줄 이가 하나도 없구나."

백아는 곧장 거문고 줄(현)을 끊고, 다시는 거문고를 연주하지 않았다고 해요. 이 이야기에서 고사성어 '백아절현(伯牙絕絃)'이 유래했어요. '백아가 현을 끊었다'는 뜻으로, 진정한 친구를 잃은 슬픔을 표현하는 말이랍니다.

마당발
인간관계가 넓어서 폭넓게 활동하는 사람을 가리키는 말이에요.

손이 맵다

이런 뜻이에요

매운 음식을 먹으면 혀가 바늘에 찔린 것처럼 아리지요. 손으로 맞았을 때도 비슷한 느낌이 들어요. 그래서 '손이 맵다'는 손으로 살짝만 때려도 몹시 아픈 것을 의미해요. 그리고 일을 야무지게 잘하는 사람에게도 '손이 맵다'는 표현을 사용해요.

함께 읽어요

숙제 검사를 하던 선생님이 승희를 보고 말했어요.
"우리 승희가 손이 아주 맵구나."
하지만 승희와 친구들은 무슨 뜻인지 몰라 고개를 갸웃거렸어요. 쉬는 시간이 되자 아이들은 선생님의 말뜻을 알아내려고 머리를 맞댔지요.
"승희가 아까 급식 시간에 고추를 엄청 먹었잖아. 승희 손에서 매운 냄새가 난다는 얘기 같은데?"
"아니야! 매운 걸 먹으면 혀끝이 알알하잖아. 그러니까 승희 **손이 맵다**는 건 승희가 살짝 때렸는데 굉장히 아팠다는 말이지. 승희야, 너 선생님을 친 거야?"
"야, 학생이 선생님을 때린다는 게 말이 되냐?"
아이들이 저마다 의견을 냈지만 여전히 답을 알 수 없었지요.
그때 다슬이가 승희 공책을 보더니 한마디 했어요.
"이것 봐. 승희가 필기를 꼼꼼하게 잘하잖아. 선생님은 승희가 필기를 야무지게 잘한다고 칭찬하신 거였어!"

비슷한 관용어

손끝이 여물다

'여물다'는 행동이 빈틈없이 매우 단단하고 굳세다는 뜻이에요. 즉, 일하는 것이 매우 꼼꼼하다는 말이지요.

얼굴이 두껍다

얼굴 가죽이 두꺼우면 얼굴색이 변해도 티가 잘 나지 않아요. '얼굴이 두껍다'는 부끄러운 일을 하고도 얼굴색이나 표정이 변하지 않을 만큼 뻔뻔하다는 뜻이에요.

〈크리스마스 캐롤〉

스크루지는 남에 대한 배려라고는 눈곱만큼도 없는 **얼굴이 두꺼운** 구두쇠 영감이었어요. 크리스마스 이브에 직원 밥에게는 월급을 쥐꼬리만큼 주었고, 조카 프레드의 식사 초대도 거절했지요.

그날 밤, 세 명의 유령이 스크루지를 찾아와요. 첫 번째 유령은 스크루지를 과거로 데려가요. 스크루지는 돈에 집착하다가 소중한 사람들을 잃는 과거의 자신을 보며 후회하죠. 두 번째 유령은 현재 사람들의 크리스마스 풍경을 보여 줘요. 가난하지만 행복한 크리스마스를 보내는 밥과 프레드. 그들은 스크루지를 가여워하고 심지어 축복을 빌어 주기까지 하지요. 세 번째 유령은 스크루지를 미래로 데려가 그의 죽음을 슬퍼하는 이가 하나도 없는 그의 장례식에 데려가죠. 큰 충격을 받으며 꿈에서 깨어난 스크루지는 자신의 행동을 깊이 뉘우쳐요. 곧장 프레드의 집으로 가 함께 파티를 즐기고, 밥의 월급을 두 배로 올려 주지요. 스크루지는 친절과 사랑을 베풀면서 마침내 진정한 행복을 찾게 됩니다.

후안무치 (厚: 두터울 후, 顔: 얼굴 안, 無: 없을 무, 恥: 부끄러워할 치)
얼굴이 두꺼워 부끄러움이 없다는 뜻으로 뻔뻔한 사람을 가리켜요.

입이 무겁다

이런 뜻이에요

실제로 입이 무거우면 입을 열기도 힘들 거예요. '입이 무겁다'는 다른 사람의 비밀이나 정보를 함부로 말하지 않는 사람을 일컫는 말이에요.

함께 읽어요

'홀로코스트'는 2차 세계대전 때 독일이 유대인을 무차별적으로 학살한 사건을 가리켜요. 《안네의 일기》를 쓴 안네 프랑크도 홀로코스트의 희생자 중 한 명이지요. 안네 가족은 유대인 탄압이 심해지자 독일을 떠나 네덜란드로 이사해요. 하지만 네덜란드마저 독일에 점령당하자 그들은 암스테르담에 은신처를 마련하고 숨어 지내게 돼요. **입이 무거운** 안네 아버지의 동료들이 식량과 생필품을 제공해 주긴 했지만, 평범한 일상을 송두리째 뺏긴 감옥 같은 삶이었지요. 그래도 안네는 은신처 생활이 수용소에 끌려간 사람들에 비하면 행복한 삶이라고 생각했죠.

하지만 1944년 8월, 입이 가벼운 누군가가 은신처를 밀고했고 안네 가족과 동료들은 모두 나치에게 체포되고 말아요. 이후 수용소로 끌려간 안네는 열악한 환경 속에서 병을 얻어 1945년 3월에 세상을 떠나요. 그러나 전쟁과 홀로코스트의 참상을 생생히 담은 《안네의 일기》는 우리 곁에 영원히 남아 있답니다.

비슷한 명언

침묵은 금이다 (Silence is golden)

때로는 불필요한 말을 피하고 조용히 침묵하면서 신중하게 행동하는 것이 더 낫다는 뜻이에요.

잔뼈가 굵다

가느다란 작은 뼈들이 시간이 흐르면서 더 단단해졌다는 뜻이에요. 즉, 어떤 분야에서 오랫동안 일해서 그 일에 경험이 풍부해졌다는 말이지요.

손흥민은 대한민국을 대표하는 축구 선수예요. 현재 잉글랜드 프리미어리그(EPL)에서 활약하며, 세계적인 실력을 가진 공격수로 인정받고 있지요. 그러나 손흥민의 화려한 성공은 그냥 얻어진 것이 아니에요. 어린 시절부터 묵묵히 해 온 혹독한 훈련과 숱한 노력, 멈추지 않는 도전이 있었기에 가능했지요.

손흥민은 만 열여섯 살의 어린 나이에 독일 함부르크 유소년 팀에서 선수 생활을 시작했어요. 2010년부터 육 년 동안 독일 분데스리가에서 갈고닦은 실력을 바탕으로 마침내 2015년 프리미어리그로 진출하게 되지요. 어느새 십 년 넘게 프리미어리그에서 뛰며 축구 선수로서 **잔뼈가 굵은** 손흥민은 이제 모두가 인정하는 아시아 축구의 아이콘이자 전 세계가 사랑하는 선수로 우뚝 섰어요. 특히 2021-22 시즌에 프리미어리그 득점왕을 차지한 것은 대한민국 축구 역사에 길이 남을 대단한 기록이지요. 손흥민의 성공은 축구를 사랑하는 많은 사람들에게 큰 자부심과 감동을 주고 있답니다.

베테랑(vétéran)
원래는 군 복무를 오래한 노련한 병사를 뜻하는 프랑스어예요. 그러나 오늘날에는 특정 분야에서 오랜 경험을 가진 숙련된 사람을 지칭한답니다.

숨은 관용어 찾기
⑥ 도시공원

따스한 햇살이 내리쬐는 주말 오후, 많은 사람들이 모인 공원에 활기가 넘치네요. 그림 속에 숨은 관용어를 찾아보세요!

1. 간이 크다
2. 귀가 밝다
3. 눈이 높다
4. 돗자리를 깔다
5. 물불을 가리지 않다
6. 발이 넓다
7. 손이 맵다
8. 얼굴이 두껍다
9. 입이 무겁다
10. 잔뼈가 굵다

➡ 정답은 155쪽에 있어요.

함께 알아 두면 좋은 초등 필수 관용어

01 가슴이 뜨끔하다
어떤 일에 깜짝 놀라거나 양심에 찔리다.
"방에서 엄마 몰래 게임을 하는데, 갑자기 들어오셔서 가슴이 뜨끔했어."

02 가시밭길을 가다
괴롭고 어려운 환경 속에서 힘들게 살다.
"가시밭길을 가는 것처럼 고생했는데, 이렇게 좋은 날이 찾아오네."

03 간에 기별도 안 가다
음식을 너무 적게 먹어서 양에 차지 않는다.
"한창 많이 먹을 때 햄버거 하나로는 간에 기별도 안 가더라."

04 간이 붓다
지나치게 대담하고 용감해지다.
"교장 선생님한테 대들었다고? 너 간이 부은 거야?"

05 국수를 먹다
결혼식에 초대받거나 결혼식을 올리다. (혼례 잔치 때 국수를 먹던 관습에서 유래)
"할머니는 삼촌만 보면 언제 국수 먹여 줄 거냐고 잔소리하셔."

06 귀가 얇다
다른 사람의 말을 쉽게 받아들이다.
"난 귀가 얇아서 친구들이 하자는 대로 다 하는 편이야."

07 귀청 떨어지다
귀가 아플 정도로 소리가 몹시 크다.
"공사장 옆을 지나가는데 드릴 소리가 너무 커서 귀청 떨어지는 줄 알았어."

08 꼬리가 밟히다
감추려던 일이나 못된 행동이 들통나다.
"그는 꼬리가 밟혀서 결국 경찰의 조사를 받게 되었어."

09 꽃을 피우다
일이 잘되거나 현상이 무르익어 번성하게 되다.
"그 친구, 오랫동안 노력하더니 마침내 성공을 꽃피웠어."

10 날개를 달다
능력이 더 좋아지거나 상황이 발전하면서 활기를 띠다.
"김연아는 자신감을 되찾자 날개를 단 것처럼 무대를 누볐어요."

11 눈도 깜짝 안 하다
조금도 두려워하거나 놀라지 않고 태연하다.

"친구는 무서운 영화를 눈도 깜짝 안 하고 끝까지 보더라."

12 눈에 차다
어떤 것이 마음에 들거나 만족스럽다.

"드디어 내 눈에 차는 신발을 찾았어."

13 담을 쌓다
사람과의 관계를 끊거나 무관심해지다.

"짝꿍과 다툰 후 담을 쌓고 지내고 있어. 마음이 불편해."

14 똥구멍이 찢어지다
매우 가난한 살림살이를 비유적으로 이르는 말

"흥부는 똥구멍이 찢어지게 가난했어."

15 뜨거운 맛을 보다
혹독한 고통이나 어려운 상황을 겪다.

"형한테 까불던 녀석이 뜨거운 맛을 봤나 봐. 형한테 고분고분하던데?"

16 뜸을 들이다
어떤 일을 일부러 미루거나 시간을 끌다.

"할 말이 있다고 할 때는 언제고 계속 뜸을 들이더라."

17 마른침을 삼키다
매우 긴장하거나 초조해하다.

"무서운 선생님 앞에서 마른침을 꿀꺽 삼켰어."

18 마음을 사다
상대방의 호감이나 믿음을 얻다.

"친구들의 마음을 사려고 내가 먼저 다가가 웃으며 인사했어."

19 머리에 서리가 앉다
나이가 들어 머리가 희거나 백발이 되다.

"머리에 서리가 앉은 아빠를 보면 마음이 짠해."

20 머리를 식히다
잠시 쉬며 마음을 정리하거나 마음을 편안하게 하다.

"각자 머리를 좀 식힌 뒤에 다시 이야기하자."

21 목이 타다
어떤 것을 간절히 원하거나 기다리다.

"팬들은 공연이 어서 빨리 시작되길 기다렸어. 다들 목이 타는 것 같더라."

22 미역국 먹다
시험에서 떨어지거나 안 좋은 결과를 받다.

"면접을 열심히 준비했지만, 결국 미역국을 먹었어."

23 바람을 일으키다
사람들 사이에서 주목을 끌거나 사람들에게 영향을 끼치다.

"그의 소설은 출간되자마자 출판계에서 엄청난 바람을 일으켰어."

24 발바닥에 불이 나다
정신없이 돌아다니거나 뛰어다니다. (매우 바쁘다.)

"갑자기 손님이 밀려들어서 발바닥에 불이 나게 뛰어다녔어."

25 발이 떨어지지 않다
떠나기 아쉬워서 쉽게 발길을 돌리지 못하다.

"아픈 엄마를 두고 집을 나서려니 발이 떨어지지 않았어."

26 비행기 태우다
남을 과하게 칭찬하거나 띄워 주다.

"당연히 해야 할 일을 한 것뿐인데, 자꾸 비행기 태우니까 부담돼."

27 삼천포로 빠지다
이야기가 본래 주제에서 벗어나 엉뚱한 방향으로 흐르다.

"우리 저녁 뭐 먹을지 정하는 중인데, 왜 이야기가 삼천포로 빠지는 거야?"

28 손때가 묻다
오래 사용하거나 애정을 담아 다루던 흔적이 있다.

"이 가구는 비싼 건 아니지만, 할머니의 손때가 고스란히 묻어 있어."

29 손을 거치다
누군가를 통해 다듬어지거나 만들어지다.

"이 그림은 반 친구들의 손을 거쳐 완성된 합동 작품이야."

30 숨을 죽이다
상황에 집중하거나 조용히 하기 위해 숨소리조차 죽일 정도로 조심하다.

"모두가 숨을 죽인 채 그의 노래가 시작되길 기다렸어."

31 어안이 벙벙하다
너무 놀라거나 어처구니가 없어서 말이 나오지 않을 정도로 멍하다.

"친구가 갑자기 버럭 화를 내서 어안이 벙벙했어."

32 엉덩이가 근질근질하다
가만히 있지 못하고 뭔가를 자꾸 하고 싶어 몸을 들썩이다.

"친구의 유럽 여행 사진을 보자마자 엉덩이가 근질근질해서 당장 떠나고 싶더라."

33 이를 갈다
분한 감정을 누르며 복수하거나 만회할 마음을 품고 기다리다.

"선수들이 지난 경기를 진 뒤, 이를 갈며 훈련에 임하는 것 같더라."

34 입을 모으다
여러 사람이 같은 의견이나 생각을 말하다.

"회의에 참석한 사람들이 입을 모아 그 일을 반대했어."

35 진땀 빼다
힘들고 어려운 상황에서 땀이 날 정도로 긴장하거나 몹시 애를 쓰다.

"시험이 예상보다 너무 어려워서 진땀을 뺐어."

36 찬밥 더운밥 가리다
상황에 따라 자신에게 유리한 것만 고르거나 선택하다.

"지금 찬밥 더운밥 가릴 때가 아니야. 무슨 일이든 다 하겠다고 전해."

37 코 묻은 돈
별로 크지 않거나 중요하지 않은 작은 금액

"정말 열심히 일했는데, 내가 받은 건 코 묻은 돈에 불과했어."

38 코에 붙이다
사람들이 먹기에 음식이 매우 적다

"이 과자는 대체 누구 코에 붙이라고 사 온 거야?"

39 하루에도 열두 번
어떤 일이 자주 반복되거나 매우 자주 일어나는 상황

"나는 엄마랑 하루에도 열두 번씩 통화해."

40 해가 서쪽에서 뜨다
일어나지 않을 일, 매우 불가능한 상황을 가리키는 말

"너처럼 알뜰한 애가 그 비싼 옷을 샀다고? 해가 서쪽에서 뜨겠다."

숨은 관용어 찾기 정답

● 28-29쪽 ① 공룡 테마파크

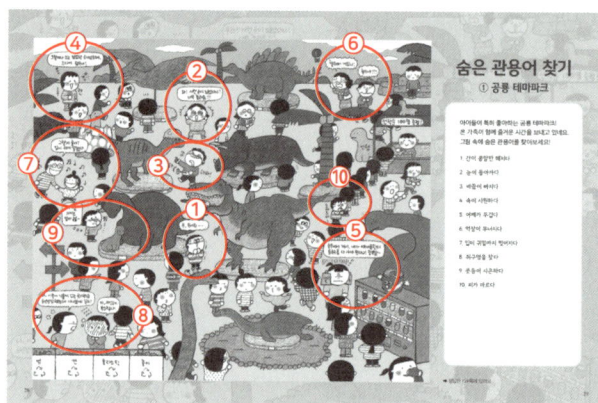

1. 간이 콩알만 해지다
2. 눈이 돌아가다
3. 배꼽이 빠지다
4. 속이 시원하다
5. 어깨가 무겁다
6. 억장이 무너지다
7. 입이 귀밑까지 찢어지다
8. 쥐구멍을 찾다
9. 콧등이 시큰하다
10. 피가 마르다

● 52-53쪽 ② 학교 교실

1. 귀를 기울이다
2. 눈 딱 감다
3. 등을 떠밀다
4. 말꼬리를 잡다
5. 목에 힘을 주다
6. 무릎을 치다
7. 물 쓰듯
8. 변덕이 죽 끓듯 하다
9. 시치미를 떼다
10. 찬물을 끼얹다

● 76-77쪽 ③ 국립 공원

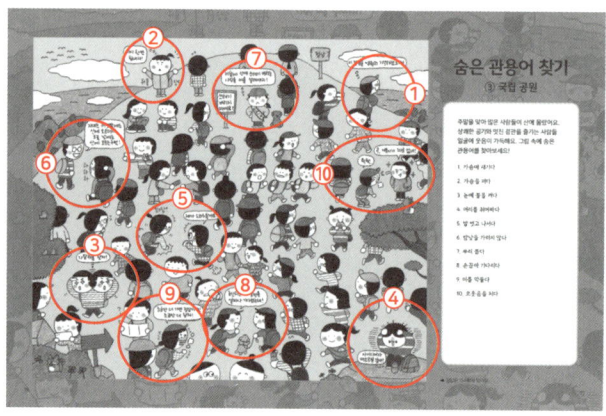

1. 가슴에 새기다
2. 가슴을 펴다
3. 눈에 불을 켜다
4. 머리를 쥐어짜다
5. 발 벗고 나서다
6. 밤낮을 가리지 않다
7. 뿌리 뽑다
8. 손꼽아 기다리다
9. 이를 악물다
10. 코웃음을 치다

• 100-101쪽 ④ 카페

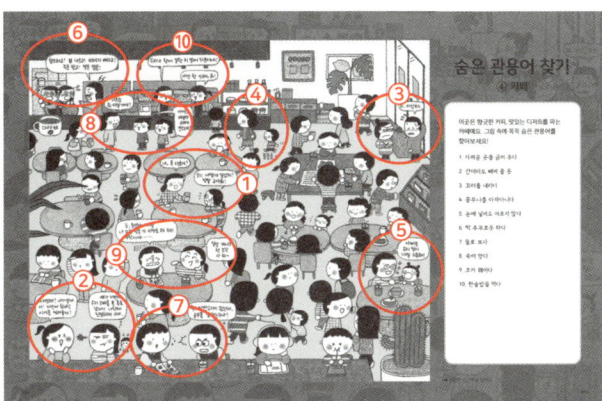

1. 가려운 곳을 긁어 주다
2. 간이라도 빼어 줄 듯
3. 꼬리를 내리다
4. 꽁무니를 따라다니다
5. 눈에 넣어도 아프지 않다
6. 떡 주무르듯 하다
7. 물로 보다
8. 죽이 맞다
9. 코가 꿰이다
10. 한솥밥을 먹다

• 124-125쪽 ⑤ 귀신의 집

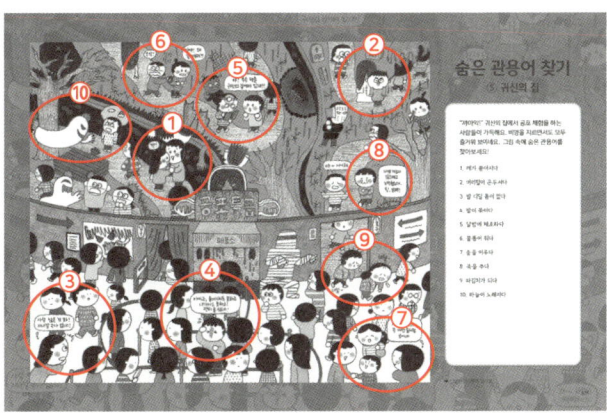

1. 깨가 쏟아지다
2. 머리털이 곤두서다
3. 발 디딜 틈이 없다
4. 발이 묶이다
5. 달밤에 체조하다
6. 불똥이 튀다
7. 숲을 이루다
8. 죽을 쑤다
9. 파김치가 되다
10. 하늘이 노래지다

• 148-149쪽 ⑥ 도시공원

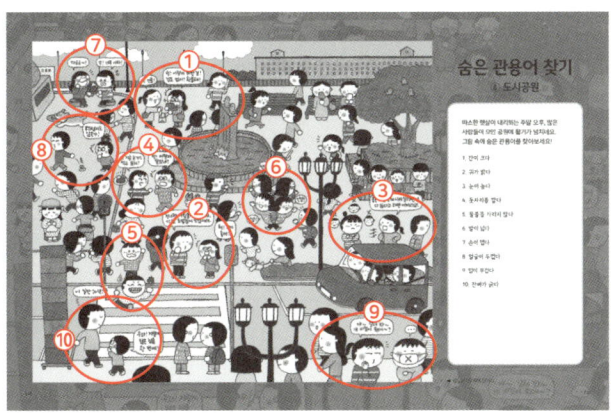

1. 간이 크다
2. 귀가 밝다
3. 눈이 높다
4. 돗자리를 깔다
5. 물불을 가리지 않다
6. 발이 넓다
7. 손이 맵다
8. 얼굴이 두껍다
9. 입이 무겁다
10. 잔뼈가 굵다

155

[초등 교과 연계]
국어 5-1 4. 글쓰기의 과정
국어 6-1 5. 속담을 활용해요
국어 6-2 2. 효과적으로 말해요

[일러두기]
'함께 읽어요'에 수록된 이야기 중
작품명이 있는 경우에만 제목을 달았습니다.

국어가 잡히는 초등 어휘 ❺

날마다 관용어

1판 1쇄 발행 2025년 6월 10일

글 최승한 | 그림 뜬금

펴낸곳 머핀북 | **펴낸이** 송미경
출판등록 제2022-000122호 | **주소** 서울특별시 마포구 신촌로2길 19 304호
전화 070-7788-8810 | **팩스** 0504-223-4733 | **전자우편** muffinbook@naver.com
블로그 blog.naver.com/muffinbook | **인스타그램** muffinbook2022

ⓒ 최승한, 뜬금 2025

ISBN 979-11-93798-23-2 74700
ISBN 979-11-981499-0-9 (세트)

책값은 뒤표지에 있습니다.
잘못된 책은 구입하신 서점에서 바꾸어 드립니다.
이 책은 저작권법에 따라 보호받는 저작물이므로 무단 전재와 복제를 금합니다.
이 책의 내용을 이용하려면 반드시 저작권자와 머핀북의 동의를 받아야 합니다.

어린이제품 안전특별법에 의한 기타표시사항
제품명 도서 | 제조자명 머핀북 | 제조국명 한국 | 사용연령 8세 이상
KC마크는 이 제품이 공통안전기준에 적합하였음을 의미합니다.